KB190276

다 지나갈 길

다 지나갈 길

펴 낸 날/ 초판1쇄 2024년 4월 22일
지 은 이/ 강태원

펴 낸 곳/ 도서출판 기역
출판등록/ 2010년 8월 2일(제313-2010-236)
주   소/ 전북 고창군 해리면 월봉성산길 88 책마을해리
          경기도 파주시 회동길 363-8 출판도시
문   의/ (대표전화)070-4175-0914, (전송)070-4209-1709

ⓒ 강태원, 2024

ISBN 979-11-91199-92-5(03220)

다 지나갈 길
Changed

-스스로 자기조직하며 관계되어 가는 과정구조들의 공생 -

Symbiosis of self-organizing and related process structures

강태원 지음

ㄱ

공존, 공생, 공영의 길을 찾다

이 글은 지난 20여 년 유럽과 미국을 오가며 고심하고 함께 나누는 과정에서 붓다의 깨달음이 주는 현대적 의미에 관해 일반 대중 강의하며 모은 것입니다.

고대 2600년 전 히말라야의 수행자 중 고타마 사카무니 붓다는 모든 생명계가 공존하고 있음을 일깨웠습니다.

현대 생물학자 린 마굴리스(Lynn Margulis)는 말합니다. "자연선택의 압력에 살아남는 최강자는 공생을 잘하는 체계들이다." 다소 선언적이기도 한 이 연구는 사실 찰스 로버트 다윈(Charles Robert Darwin)의 적자생존 연구결과를 현대 진화생물학적 입장에서 재고찰한 것입니다.

붓다는 "이것이 있음으로 저것이 있고, 이것이 없으면 저것도 없다"는 상호관계 속에 존재하는 일체 중생계의 구조적 특성을 가르치셨습니다. 근대 수행자들은 '한 장의 종이가 존재하기 위해 얼마나 많은 것들이 서로 관계되어야 하는가'라는 주제로, 서로 관계되어짐에 대해 사유합니다. 존재하는 모든 것은 서로서로 관계되어지는 과정구조라는 것입니다.

현대 서양철학에서 말하는 '과정구조'는 이미 동양의 고대 가르침을 토대로, 종교적 도그마를 넘어 논구합니다. 구름이 없고 비가 오지 않는다면 식물이 존재할 수 없고, 나무 또한 자라지 않습니다. 그렇다면 종이 또한 있을 수 없습니다. 한 장의 종이가 있으려면 종이 이외 수많은 것들이 역동적으로 관계되어야만 가능합니다.

일체 생태계가 모두 더불어 살아, 서로 관계되어진 공생의 공존관계(co-existence relationship)라는 겁니다. 진화생물학 입장에서는 공생체계(symbiotic system)의 생태계(ecosystem)가 현 존재들의 구조이며, 이것은 독립적으로 고정된 것이 아니고 끊임없이 유동적으로 서로 관계하며 바뀌어가는 과정구조 체계라고 봅니다. 이 글은 불교적 가르침, 즉 붓다의 가르침을 진화생물학 차원의 거울로 재조명합니다. 즉, 불교적 관점을 과학적 시각-진화생태학으로 조망한 글이라고 보면 될 것입니다.

먼저 생태계 형성에서 일리야 프리고진의 물질의 자기조직(self-organization)하는 체계를 소개합니다. 이 논의는 일리야 프리고진과 에리히 얀치의 연구 결과를 다루며, '인류의 뇌가 왜 이분적(dichotomy) 인지작용을 하게 되는가?'라는 앤드류 뉴버그의 연구 저술을 고찰하며 진행됩니다.

인류는 좌반구와 우반구의 뇌구조를 (해부학적으로) 갖고 태어납니다. 호메니 원인류는 끊임없는 자연선택의 압력에서 생존해야 하는 자기보존(self-conservation)의 역사 드라마를 펼칩니다. 현 인류로 발전해가는 과정에서 공격-도피(fight or flight)의 기제를 작동시키는 뇌는 대립되는 개념의 쌍으로 대상을 인식하도록 진화되었다는 것이 진화생물학과 뇌인지 과학자들의 연구 결과입니다.

다시 말해 호메니 인류는 거부하기 어려운 자연선택의 압력 속에서 살아남기 위해 수렵과 채집을 통해 그러한 인지 진화를 이루었다는 연구입니다. 인류의 인지기능이 어떠한 진화 역사의 흐름으로 변화되어 왔는지를-구체적 연구결과의 바탕에 두고 붓다의 가르침과 대비하여 논의를 이끌어 갈 것입니다.

이 이야기는 붓다의 가르침에 무지가 12연기의 첫 대목으로 떠오르는 까닭을 진화생물학적 차원에서 살펴보며, 그 구조 속에서 과학 불교적 안목을 이끌어내려는 것이죠.

인류의 인식 구조에 '사실 인식의 오류'가 있음을 올바르게 이해할 때, 우리는 삶의 구조와 흐름을 '있는 그대로 알아차릴 수' 있습니다.

지구 자연은 흐르는 강물이 바다로 향하고, 구름이 비가 되어 내리는(구름, 비, 강, 바다) 생태계의 거대한 약동으로 끊임없이 순환합니다. 늘 바뀌어 갑니다. 그런 자연의 흐름은 살아남기 위한 선택의 압력을 받습니다. 자기조직 (self-organization)하는 자연은 자기보존 본능의 욕구(desire for self-preservation)를 필연적으로 갖게 된다고 합니다.

진화생물학자의 논의는 이러한 '거부하기 어려운 자연선택의 압력'이 인류의 뇌 진화를 이끈 동력이라고 조망합니다. 그러므로 인식의 오류-이분법적 인지가 살아남기 위한 선택의 압력에 의해 형성, 진화되었다는 것이 그들의 연구결과입니다. 이 연구자 중 수행자이자 뇌과학자인 앤드류 뉴버그와 유진 오닐의 연구를 살펴보며, 불교에서 지적하는 무지와 어떠한 연관성이 있는지 살펴볼 것입니다.

이 논의 과정에서 우리는 '인간의 생과 사에 대한 인지작용이 어떻게 이루어지게 되었는지'를 보다 명확하게 이해할 수 있습니다. 붓다의 가르침과 일치하는 사실 인식의 오류를 다루는 것이죠.

히말라야 수행자들이 바로 이 부분, 본래적으로 일어나는 자기갈등, 갈애의 증애심(좋아하고 싫어하는 마음)을 어떻게 관조하고 극복하는지를 찾았습니다. 그러한 찾음이 또 한번 인류의 인식하는 뇌를 진화시키는 사건이라고 보는 관점이 전체 강론의 초점입니다. 흑백논리로부터 벗어나 '대립되는 개념의 쌍'을 뛰어넘는 올바른 이해의 통찰을 가르칩니다. 관념의 페인팅이 아닌 실재의 몸과 마음을 수행력으로 어떻게 극복할 수 있는지를 보여줄 것입니다. 붓다의 찾음과 가르침이 인류를 다시 깨어나게 해야 합니다. 인류는 자기보존 욕구의 한계를 뛰어넘는 초월의지-자아각성으로 공멸의 커다란 싸움에서 벗어날 수 있다고 봅니다. 그 공존, 공생, 공영의 길을 붓다의 가르침에서 찾아보는 여정이 이 강의의 맺음입니다.

미생물의 세계는 공생(symbioses)을 통한 공존(coexistence)의 드라마라는 것이 린 마굴리스의 통찰이었다고 하였죠. 이 공생에 대한 고찰이 한국의 전광우 박사에 의해 구체적으로 연구되었다는 마굴리스의 소개는 한국인으로서 후속 연구가 매우 기대되는 대목입니다.

나아가 지금의 뇌과학은 몸의 면역체계와 관련하여 괄목할만한 발전을 이루었다고 봅니다. 최근 코로나바이러스를 극복하며 뇌과학과 미생물학-마이크로바이옴(microbiome) 연구는 보다 조직적으로 진행되어 뇌(Brain)와 면역계(immune-system) 그리고 대장(gut) 간 상호작용(axis)에 대한 연관성에 주목하고 있습니다. 이에 대한 연구가 우리 전통의 불교 선 명상과 연계되어, 온갖 고통으로 시달리는 현대인에게 만성 스트레스에서 벗어나는 길을 제시해 줄 수 있으리라 희망합니다.

보문산 기슭 금고대에서 태원

차례

I

진화론적 불교 생태론

1) 마이크로 코스모스

그동안 진행한 '불교 명상과 생태학'이라는 주제의 강의를 보다 면밀하게 살펴볼 수 있도록 텍스트로 정리합니다. 지난 20여 년 유럽과 아메리카를 넘나들며 함께한 내용을 기초로, 과학불교적 안목으로 논의할 것입니다.

먼저 불교 입장에서 그동안 잘 다루지 않은 진화생물학적 관점과 생태계에 대한 불교적 가르침을 대비하여 말씀드립니다. 그리고 그런 관점이 명상과 어떤 관계로 과학 불교의 비전을 제시하는지 전하려 합니다.

우선 진화생물학적 관점을 가지는 학자들의 논점이 무엇인지 살펴보면서, 과학적 측면과 불교의 가르침이 맞물리는 부분을 고찰하겠습니다.

진화생물학에서는 린 마굴리스의 관점을 중심으로 이야기합니다. 그동안 우리는 다윈의 진화론에서 '적자생존' 개념에 영향을 받았죠. 다윈의 진화론은 강력한 자연선택(natural selection)의 압력에서 살아남기 위해 선택해야 하는데, 선택의 압력이 우리에게 어떤 영향을 주었는지 살펴봅니다. 다윈주의 입장에서는 강한 자가 살아남는다는 '약육강식'의 주장을 받아들였습니다. 그러나 우리가 자연 생태계를 꼭 그렇게만 봐야 하는지 검토해 봐야 합니다.

다른 관점에서 보는 진화생물학자의 논의가 있습니다. 우리는 진화생물학자의 관점이 불교의 논점과 일치하는 것에 의미를 두는 것입니다. 린 마굴리스는 미시적 세계관 즉 미세한 세포, 분자 생물학적 측면에서 생명계를 다루었습니다. 묘하게도 그녀의 남편이었던 칼 세이건은 거대한 거시적 안목의 코스모스를 연구하였습니다. 린 마굴리스가 다루는 것이 마이크로 코스모스(micro cosmos)라면, 칼 세이건이 다루는 것은 매크로 코스모스(macro cosmos)입니다. 이들의 이론이 서로 대비되면서도 불교적 관점과 일치하는 흐름이 있으므로 과학적 불교를 이야기할 때 반드시 거론하게 됩니다.

칼 세이건은 이렇게 말합니다.

코스모스는 과거에도 있고 현재에도 있고 미래에도 있는 그 모든 것이다. 코스모스를 깊이 살펴보면 나는 그때마다 등골이 오싹해지고 목소리가 떨리며 아득히 높은 곳에서 어렴풋한 기억의 심연으로 들어가는 듯한 묘한 느낌에 사로잡히고는 한다. 코스모스를 정관(靜觀)한다는 것이 미지 중 미지의 세계와 마주함이기 때문이다. 그러므로 그 울림, 감정이야말로 인간이라면 누구나 하게 되는 반응이다. 인류는 영원한 시·공간에 파묻힌 하나의 점, 지구를 보금자리 삼아 살아가고 있다.

— 칼 세이건, 『코스모스』

이렇게 우리 인류는 우주의 생태환경에 속한 작은 별 지구에 살며 무수한 세월을 지내 왔습니다. 생태학의 논점은 거시적으로 보는 우주적 관점, 미시적으로 보는 생태학적 관점으로 나누어 볼 수 있습니다. 사실 두 가지, 미시와 거시의 동시적 관점이 불교적 관점과 일치하고 있다고 보면 크게 오류가 없을 것입니다.

지금 여기 한 장의 종이가 존재하기까지 얼마나 많은 요소가 모였는지를 사유하는 것으로 불교 핵심에 접근하게 한 분이 틱낫한 스님입니다. 그는 『반야심경(Heart stura)』에서 '반야 공'의 도리를 이렇게 안내합니다.

종이가 존재하기 위해서는 나무가 있어야 하고, 나무가 존재하려면 비가 있어야 하고, 비가 있으려면 구름이 있어야 하고, 구름이 있으려면 대기권과 바다와 지구가 존재해야 하는데, 그러려면 태양계가 있어야 하고, 태양계가 있으려면 은하계가 있어야 하고, 은하계가 있으려면 우주가 있어야 합니다. 그 어느 한 가지라도 결핍되면 이 한 장의 종이는 존재할 수 없습니다. 우주 전체에서 한 장의 종이는 아무것도 아니지만, 한 장의 종이를 사유하면 우주성, 전체성이 연결됨을 알 수 있습니다.[1]

그런데 과학자들은 사유에 의한 접근이 아니고, 과학적 방식인 실험과 등식화를 통해 실제 거시와 미시의 세계, 매크로 코스모스(macro cosmos)와 미시적 마이크로 코스모스(micro cosmos)를 상호작용으로 보는 공진화(co-evolution) 개념을 일반화합니다.

지구 생태계는 지금 이 순간도 태양의 영향 아래서 태양과 주고받는, 상호 침투되는 관계성에 의해 유지되는 것이지, 한순간이라도 그것이 차단되면 무너집니다. 그런 모습을 과거 빙하기를 통해 알 수 있습니다. 지금도 진화과학자들은 제4 간빙기라고 봅니다.

코스모스는 너무 광대해 우리가 사용하는 길이 단위로 그 크기를 가늠할 수가 없

---

1) 『반야심경』, 틱낫한, 강옥구 옮김, 장경각(2003)

다. 천문학에서는 광속으로 잰다. 빛은 1초에 18만 6000마일, 또는 30만km, 즉 지구 일곱 바퀴 반을 돈다. 빛은 태양에서 지구까지 8분이면 온다. 그러므로 태양은 지구에서 8광분 떨어져 있다. (중략) 빛은 1년이면 10조km, 6조 마일을 간다.

빛이 1년 동안 가는 거리를 광년이라 한다. 은하와 은하 사이 공간에서 보면 바다 물결 위 거품 같은 빛줄기가 암흑을 배경으로 떠 있는 것이 보이는데. 이것이 은하다. 홀로 있는 것도 있지만 대부분 은하단을 이룬다. 이것이 우리가 아는 코스모스의 거시적 모습이고 성운의 세계이다.

우주에는 은하가 천억 개 있고, 각각의 은하에는 평균 천억 개의 별이 있다. 각 은하에는 적어도 별의 수만큼의 행성들이 있다. 이런 별 중 생명이 사는 행성을 아주 평범한 별인 우리의 태양만이 거느릴 가능성이 얼마나 될까. 우리의 행운을 생각하는 것보다 우주가 생명으로 넘친다고 생각하는 것이 나을 것이다.

— 칼 세이건, 『코스모스』

칼 세이건 말처럼 우리 인류는 이제 지구 외부에서 지구를 보게 되었습니다. 지구별은 광대무변의 우주 공간에 떠 있는 깨알보다 작은 크기의 푸르스름한 행성입니다. 그 속에서 수많은 생명계가 서로 작용하며 살아가는 가운데 영웅도 있었고 임금, 노예, 도둑, 선한 자, 악한 자 등 끝없는 삶이 피고 지는 대지의 꽃처럼 오고 갔습니다.

2) '자기조직'은 진화의 본질

이제 하나의 유기체가 인류로 진화하여 마침내 과거, 현재, 미래를 조망하며 무한세계를 보는 존재가 되는 과정을 살펴보겠습니다. 특히 히말라야 수행자들이 이룬 정신적 진화의 결과와 생태계의 진화가 맞물리는 점을 탐색해 봅니다.

먼저 일리야 프리고진[2]과 에리히 얀치라는 인물이 이야기하는 『자기조직하는 우주』의 논점을 고찰하며 존재의 구조에 대해 더듬어 갑니다.

프리고진은 이 세상의 모든 구조를 평형구조와 산일구조로 구분한다. 평형구조가 기계와 같은 정태적이고 안정적인 구조인 데 반하여, 산일구조는 불안정 속에 변화하는 구조다. 또 그는 과학 탐구를 세 가지 수준으로 나눈다. 그 첫째는 단순성의 과학이요, 그 둘째는 평형구조의 과학이고, 그 셋째가 산일구조의 과학인바, 생동하는 우주의 진정한 구조는 산일구조인 것이다.

1950년대에서 1980년대 사이 다양한 분야 과학자들이 진화의 문제를 시스템 과

---

2) 일리야 로마노비치 프리고진(Илья́ Рома́нович Приго́жин, 1917-2003); 벨기에 브뤼셀의 브뤼셀 자유대학(Université Libre de Bruxelles)에서 화학을 전공했으며 산일구조(散逸構造), 복잡계, 비가역성에 대한 연구로 유명하다. 1977년 비평형 열역학, 특히 소산 구조론의 연구에 공헌한 점을 인정받아 노벨 화학상을 수상했다.

학의 방법으로 풀기 위해 노력했다. 이들 생각에, 신이 없다면, 혹은 신을 단지 원리로 간주한다면 우주 역사는 우주라는 구조체 속에 짜여있는 원리의 발현, 혹은 과정의 진화로 여겨질 수 있다. 이들이 내리는 결론은 자기복제, 자기갱신, 자기초월을 속성으로 가진 '자기조직'이다. 한 시스템의 '자기조직'이야말로 진화의 본질이라는 것이다.

그들이 주목하는 것은 '평형성(equilibrium)'입니다. 평형성이 흔들리면서 모든 존재를 현상으로 드러나게 한다고 합니다. 평형에서 비평형으로 되는 미시적 요동-대칭성 파괴(symmetry break)가 자기갱생(auto-poiesis)에 의해 안정적 구조로 나타나는데, 이때 나타나는 안정적 구조를 '소산구조', 혹은 '산일구조(dissipative structure)'라 합니다. 그리고 이런 과정에서 물질의 '자기조직화(self-organization)'가 나타납니다.

프리고진은 '분기현상(bifurcation phenomenon)'이라는 메커니즘을 통해 물리적으로 비결정적 상황이 나타난다고 했습니다. 그는 '소산구조'를 '자체 촉매반응'을 통해 증명합니다. 화학반응의 일종인 '자체 촉매반응'에 의해 생기는 비선형 과정인 '브뤼셀레이터(Brusselator)'라는 가상적 화학반응계를 수식화하면, 이는 생체 안에서 일어나는 많은 화학반응에 적용됩니다. 1960년 초 러시아 과학자 벨루소프와키와 자블린스키가 발견한 화학반응에서 프리고진이 예측한 화학반응을 실험적으로 확인했다고 합니다.[3]

노이스를 비롯한 과학자들은 이런 벨루소프-자보틴스키 반응을 설명하기 위해 브뤠실레이터(Brusselator)와 유사한 '오레고네이터(oregonator)'라는 화학

---

3) 말론산, 브롬산 이온, 세륨 이온을 묽은 황산 용액에서 반응시킬 때 특정 온도가 되면 분기현상(bifurcation)이 일어나고 복잡한 구조가 형성된다는 것이 드러난 것이다(포항공대신문, http//times.postech.ac.kr).

반응 모델을 세워 성공적으로 설명했습니다. 이로 인해 프리고진의 학설이 받아들여지게 되었고 주변에 많은 학자가 모여 학파를 형성합니다. 결국 그는 1977년 열역학과 비평형계의 연구 업적에 대한 공로로 노벨 화학상을 받습니다.

프리고진이 제안한 소산구조를 쉽게 볼 수 있는 것은 '버나르 대류(bernard convection)'라는 '유체역학적 현상'입니다. 밑이 평평한 냄비에 물을 넣고 가열하면 평균 상태에서 대류의 흐름을 볼 수 있습니다. 온도의 차이가 임계점 가까이 가면 요동이 줄어들고 사라지기도 하지만, 임계점보다 더 커지면 부르르 끓게 됩니다. 거기에서 거시적 차원의 변화가 일어납니다. 외부의 새로운 분자적 물질의 질서가 나타나는 것입니다. 물 분자들에 질서가 있다는 거죠. 이때 대류현상을 보면 규칙적인 육각형 세포, 즉 '버나르 세포'가 생깁니다.

이것은 자생적 조직화 현상, 즉 정상상태에서 불완전에 관한 소산구조[산일구조]의 일종이라고 합니다. 쉽게 말해서, 물을 끓이면 물 분자가 활성화될 때 분자구조가 벌집 모양으로 형성된다는 것입니다. 그때 물질적 역학이 작용한다는 거죠. 그것이 비물질적인 생태계에서도 같은 방식으로 작동합니다.

그것들이 자기조직화(self-organization)를 합니다. 세포 역시 스스로 역동적인 자기조직 움직임을 보입니다. 물질계와 생명계도 자기조직화한다는 것이 그들의 연구결과입니다. 프리고진은 생명현상도 소산구조의 일종으로 봅니다. 이러한 역동성이 진화의 과정구조에서도 일어난다고 보는 것입니다.

프리고진은 한국에도 방문했는데, 그때 좌담에서 이렇게 말했다고 합니다.

자연의 가장 핵심적 메커니즘은 '요동(fluctuation)'이다. 생명은 '무생물의 요동'이고 파충류는 '어류의 요동'이고, 조류는 '파충류의 요동'이다.

요동의 힘에 의해 점점 창발적으로 진화되어 간다는 관점입니다. 인간은 포유동물의 요동이라는 겁니다.

에리히 얀치는 '자기조직화 현상'으로 생명계 진화와 우주의 진화를 설명합니다. 근본적으로 평형이 깨짐으로 그런 분자운동이 산일구조(소산구조 dissipative structure)로 이루어지며 벌집 모양을 이루고 자기안정화를 하는데, 그게 커지면 안정이 되는 것이 아니라 촉매작용이 일어나면서 다른 구조로 변화되어 간다는 겁니다.

그렇게 변화하는 것을 역동적(dynamic) 자기조직체계(self-organization system)를 가진다고 합니다. 이것이 '자기유지체계(self-sustaining system)'인데, 이것 안에는 '자기초월체계(self-transcendence system)'가 거론됩니다. '자기유지체계'는 자기를 보존하려 하기 때문에, 그 세포 안에만 갇혀있는 것이 아니고 촉매에 의해 다른 것들과 연계하여 작용하는 자기초월의지(self-transcendence intention)가 있다는 것입니다. 현 지구 생태계는 그런 생명체의 욕구로 인해 서로 투쟁하고, 서로 회피하며, 서로 공생하기도 하는 일들이 벌어지고 있다는 겁니다.

그런 역동적인 흐름이 생명계 전체를 아우르는 '공진화(co-evolution)'의 과정을 현재 겪고 있는 것이고, 앞으로도 그런 변화가 계속 지속된다고 하는 것이 그들의 관점입니다. 이것을 '과정구조(process-structure)'라 합니다. 존재의 구조가 이미 결정되고, 규정된 것이 아니고 계속되는 과정 속에서 변화되어 바뀐다는 것입니다.

이것을 불교에 적용하면 바로 삼법인의 '제행무상'의 가르침입니다. 모든 것은 독립적으로 존재할 수 없습니다. '이것이 있음으로 저것이 있고, 이것이 없으면 저것도 없다'는 붓다의 연기적 가르침이 과학적 사고방식으로 논구되고 있는 것입니다. 따라서 고정된 실체가 아니며 끊임없이 바뀌어 간다는 것입니다[제행무상諸行無常]. 붓다의 시대에는 과학적 도구가 없기 때문에 이런 방식으로 논구되지 않은 것이지, 관찰의 관점이 동일합니다.

자기유지를 하려는 자기보존욕구(self-conservation desire)가 나를 유지하게 하며, 나를 구성하는 세포가 만들어지는 동력이 됩니다. 이것이 '자기복제(self-clone)'되고, '자기복제' 능력이 다세포 생물의 자기갱생(autopoiesis)적 특징이 되는 것입니다. 유기체세포가 모두 세포화되면서 스스로 복제하는 체계를 가지게 되었다는 것이 진화생물학자들의 연구결과입니다. 자기를 보존하려는 '자기보존욕구'가 우리 DNA 속에 있습니다.

그것이 순기능을 할 때는 자기를 보존하고, 자기 가족과 민족을 보존하므로 유용하지만, 이것이 역기능을 하면, 오직 자기와 자기 가족만 보호하려 듭니다. 이기적 유전자 코드가 작동된다는 겁니다. 그럴 때 자기싸움과 갈등이 일어나게 됩니다. 인류 역사에서는 가족 간, 민족 간 갈등이 세계대전과 같은 더 심각한 상황으로 발전하기도 했습니다.

'우리는 참으로 내면의 갈등을 벗어날 수 없는가?' 이 문제 해결에 종교 수행자들과 과학자들의 수많은 찾음이 있어 왔고 앞으로도 계속될 것입니다.

린 마굴리스는, 생명계는 '싸움하고 회피하는 성질도 있지만 연계하고 협력하는 성질'도 있어서, 공생(symbiosis)을 통해 자연선택의 압력을 벗어나 살아남는 기회를 보다 넓게 가지게 된다고 보았습니다.

새로운 진화 개념은 진화를 개체와 종들 사이에서 벌어지는 혈투라고 보는, 널리 알려진 다윈의 '적자생존' 이론이 완전히 왜곡된 것임을 확실히 보여준다. 새로운 개념은 진화를 생물 사이 계속적인 협동과 상호 의존의 관점에서 파악하려고 노력한다. 생물은 서로 싸워 지구를 차지한 것이 아니라 서로 연계함으로써 지구의 주인이 되었다. 생물은 다른 생물을 죽여서가 아니라 서로를 선택함으로써 함께 번성하고 복잡해질 수 있었던 것이다.[4]

강한 것만 존재하는 것이 아니고, 약한 것들이 연계를 통해 강해지게 된다는 것입니다. 개인적 강함을 초월해서 협동시스템을 통해 더 잘 생존할 수 있다는 것이죠. 때문에 생명계는 미시적인 세계와 거시적인 세계조차도 공생관계로 진화해 나아가고 있다고 밝히고 있습니다. 진화생물학계에서는 그것을 '공진화(coevolution)'[5]라 부릅니다.

이러한 과학적 연구결과는 불교의 관점과도 일치합니다. 진화생물학, 물리, 천체학 과학자들은 본인들의 저술에서 종종 붓다의 가르침을 거론합니다. 인간은 '이기적 유전자를 가진 존재'이지만 '공생하는 존재'이기도 하다는 것입니다. 우리의 세포는 박테리아와 공생하면서 에너지를 흡수하고 불필요한 것을 내보내는 공생의 모습을 보입니다.

---

4) 『마이크로 코스모스』, 린 마굴리스, 도리안 세이건, 홍욱희 옮김, 김영사, p.25.

5) 공진화는 작게는 아미노산의 합성에 관여하는 유전자의 돌연변이에서부터 크게는 진화의 과정에서 서로 다른 종들 사이에 일어나는 형질 변화에 이르기까지 생물학의 모든 규모에서 관찰된다. 숙주와 기생 생물의 관계, 상리공생하는 생물의 관계 등이 공진화의 사례이다. https://ko.wikipedia.org/wiki/, 『마이크로 코스모스』 린 마굴리스, 도리언 세이건, 김영사, p.17.

인체의 대장 안을 조사해 보면, 우리를 해치기도 하는 박테리아가 존재함으로써 생명체가 유지된다는 겁니다. 또 인체는 수많은 미생물과 내부공생(internal symbiosis)으로 공존하고 있습니다.

인체와 미생물-마이크로바이옴(microbiome)은 복잡하게 연결되어 있으며 공생 관계에 있습니다. 인체에는 피부, 입, 내장 및 생식 기관과 같은 신체의 다양한 부분에 서식하는 마이크로바이옴으로 통칭되는 수조 개의 미생물이 함께 살고 있다는 겁니다.

마이크로바이옴은 인간의 건강을 유지하고 질병을 예방하는 데 중요한 역할을 하며, 이와 관련한 연구가 점점 늘어나고 있습니다.

마이크로바이옴은 음식의 소화와 영양소 흡수를 돕고, 필수 비타민을 생성하며, 해로운 박테리아와 경쟁하여 면역체계를 강화합니다. 또 개인의 전반적인 건강에 영향을 미칠 수 있는 약물, 독소 및 호르몬의 대사에 관여합니다. 최근 연구에 따르면 마이크로바이옴은 비만, 당뇨병, 염증성 장 질환, 우울증 및 불안과 같은 정신 건강 장애 등 다양한 상태에서 역할을 할 수 있다고 합니다. 이처럼 마이크로바이옴의 구성과 다양성의 변화가 인체의 면역체계 발달과 관련있다고 발표합니다.

인체의 뇌와 마이크로바이옴 사이 관계에는 복잡하고 역동적이며 유전학, 식습관, 라이프스타일 및 환경적 요인과 같은 많은 요인이 영향을 미친다는 것입니다. 그 사이의 상관관계를 이해하면 다양한 질병과 상태의 예방 및 치료에 대한 귀중한 통찰력을 얻을 수 있다는 것이 연구자들의 견해입니다.

진화생물학자는 그러한 공생관계를 연구한 것입니다. 한 세포 안에서, 소화될 수 없지만 그것을 흡수해 모아놓은 광물질들이 있는데, 광물이 모여 물고기 뼈가 되었다고 합니다. 그리고 한 세포 안에도 그 세포의 열에너지를 이끌어내는 미토콘드리아와 염색체가 공존하고 있습니다.

각각 자기의 DNA를 가지고 있는 그것들이 우리 세포 내에서 '내부공생'하고 있다는 것이 정설로 받아들여지고 있습니다.

공생(symbiosis)을 내세워서 지구 생물의 역사를 상호 의존적인 관점에서 파악하고 있는 것이다. 한정된 공간과 자원을 두고 투쟁하는 경쟁이 진화에 아무런 역할도 하지 못했다고 말한다면 그건 분명히 어리석은 일이다.

그렇다면 진화의 신비함을 보여주는 중요한 근원으로 생물종 사이의 물리적 연관성, 다시 말해서 공생의 중요성 역시 간과하지 말아야 한다.[6]

앞으로 이 문제를 심층적으로 다루어 가며, 총체적인 지구 생태환경과 불교적 연관점을 밝혀 보겠습니다.

우리는 보고 들을 수 없지만, '중력장(gravitational field)'에 의해 지구 생태계가 영향을 받고 있습니다. 인간계도 동물계와 마찬가지입니다. 눈, 코, 귀, 입이 앞으로 모여 있는 것이 중력장 영향에 의한 지구 생명계의 특징이라고 합니다.

보이지 않고 크게 느껴지지 않지만 우리가 중력장 속에 살 듯이 생명계는 모두 '업력'의 장(karma field)' 속에서 얽혀 살고 있다고 보는 것이 불교적 관점입니다.

---

6) 『마이크로 코스모스』 린 마굴리스, 도리언 세이건. 김영사, p.17.

7) 업(業), 업보(業報), 업력(業力), 응보(應報), 카르마는 인도계 종교에서의 인과율 개념이다. 본디 행위를 뜻하는 말로서 인과(因果)의 연쇄관계에 놓이는 것이며 단독적으로 존재하지 않는다. 현재의 행위는 그 이전의 행위의 결과로 생기는 것이며, 그것은 또한 미래의 행위에 대한 원인으로 작용한다(https://ko.wikipedia.org/wiki/%EC%97%85).

'업력장', 즉 '카르마 필드'라는 것은 '여래장', 혹은 '함장식'[8]이라는 개념으로 발전하며, 우리가 아는 유식학[9] 체계를 이룹니다. 앞으로 그런 부분도 함께 다루며 붓다의 가르침을 과학적 안목으로 풀어내는 시간을 갖도록 하겠습니다.

---

8) 여래장 사상(如來藏思想); 여래장(如來藏)에 대한 교의와 여래장연기(如來藏緣起), 즉 진여연기(眞如緣起)의 교의를 근간으로 하는 대승불교 중기 이후의 사상이다. 여래상 사상에서는 모든 중생은 본래부터 여래(부처)가 될 수 있는 가능성을 가지고 있다는 것을 주장하였으며, 이 가능성을 여래장이라고 하였다. 여래장은 본질적으로 불성(佛性) 또는 진여(眞如)와 동일한 개념이다(https://ko.wikipedia.org/wiki/).

9) 『유식철학』, 요코야마 고우이츠, 묘주 옮김, 경서원(1989).

2

붓다의 알아차림

— 불성(佛性)과 자연성(自然性)의 불이(不二)

1) 불이(不二)적 알아차림

이번 강의에서는 붓다의 깨어남이 주는 진화적 역사의 의미를 밝히며, 전통적 간화선 수행의 안목에서 진화생물학적 연구와 서로 대비되는 과학적 연구를 살펴봅니다.

꽃이 피기까지 바람과 영양분이 있어야 자기 색의 아름다운 꽃을 피우듯
명상은 헝클어진 나를 보는 시간과 공간을 통해 내 안의 꽃을 피우는 일이다.
한 알의 작은 꽃씨가 꽃을 피우는 것처럼 내 맘의 꽃을 피우는 일은 하루하루 바쁜
일상에서 잠시 마음의 쉼표를 그릴 수 있을 때 향기로운 삶의 꽃을 피울 수 있다.
물과 바람이 잠자는 씨를 깨워서 꽃을 피우듯 내 마음도 그런 시간이 필요하다.

명상은 그런 시간의 여유다.
뭔가 거창한 것이 필요한 것이 아니다.
잠시라도 헝클어진 마음에 빗질해 줄 수 있는 여유와 공간 속에서 나를 만나는 일
이 명상이다.

천둥과 폭풍의 비바람을 견뎌낸 꽃은 더 선명하고 향기롭다.

삶의 천둥과 폭풍우는 예고 없이 우리를 찾아오지만,
그 속에서도 나는 나만의 꽃을 피울 준비를 한다.

오늘도 내 삶이 좀 더 향기롭고 풍요롭기를 바라며 명상의 시간을 갖는다.

알고 보면 모든 것이 내 마음의 발현이다.

바람에 밀려 구름이 물러간 검푸른 밤하늘의 작은 별빛도 보는 순간 내 마음이 된다.
보이기에 보고 있는 그때 내 마음도 별빛이었다.

나는 이제 믿음이 무엇인지 알게 되었다.
보이기에 보고 있는 순간 내 마음도 별빛이었다는 것을!

— 2022 어느 여름밤에 태원

서로의 느낌이 함께 움직인 것을 감동이라 하고 동감이라 합니다. 선 명상 수행으로 지금 여기서 느끼는 것은 '궁극적 생명의 근원을 알려고 하는 찾음'에서 비롯된 의도에 의해 형성된 정서입니다. 무엇인가 근원을 찾는 의도로 형성된 정서, 즉 '화두감'이라는 것입니다.

슬픈 드라마나 영화를 보며 감동하는 것은 우리 마음에 그런 정서가 있기 때문입니다. 선 명상에 있어서 그처럼 '생명 존재의 근원을 찾는[화두-언어 이전, 한 생각 이전, before thinking point]' 자리는 그런 찾음의 느낌을 선지식과 동감하는 자리입니다.

그래서 선 명상 수행하는 지금 어떤 느낌을 가지고 있든, '궁극적 생명의 실체를 찾는다면', 그것은 화두에서 비롯된 느낌의 감성입니다. 선 명상 수행에서는 그 느낌을 놓치지 말고 느낌과 하나될 때까지 의식의 끝으로 끊어짐 없이 밀고 들어가라 주문하는 것입니다.

산을 멀리서만 보면 좋은 풍경일 뿐이지만, 더 가까이 가서 산을 보면 그 안에 수많은 생명이 공존하는 것을 볼 수 있습니다.
그러나 참으로 내가 산이 되면 나는 산을 느낄 수 있겠습니까?

알 수는 없지만 알려고 하는 강한 의심과 찾음으로 산속에 직접 들어가 온몸으로 찾아야 깨어남의 장을 경험할 수 있습니다. 그런 강렬한 찾음으로 우리는 궁극적으로 산과 내가 하나되는 자리로 갑니다. 그리하면 선 명상 수행에 있어, 무엇인가 알 수 없는 철벽이 가로막습니다. 밀고 나가려 해도 밀리지 않고 뒤로 빠지려 해도 빠지지 않는 그 자리가 심리적, 생리적으로 느껴지는 정신적 임계선입니다.

선지식의 가르침은 이때 당하여 물러나지 않고 '백척간두 진일보'라는 말을 가슴에 새기고 나아가라 독려합니다. 그냥 뛰어들면 나는 새처럼 자유로움을 만끽할 수 있는데 내가 뛰어들지 못하고 있는 것입니다. 왜냐면, 생사 인식의 막에 잡혀 있기 때문입니다. 두려움이 밀려와 죽을 것 같은 심리적 압박이 나를 잡고 있는 것입니다.
이때 스승과 그 길을 같이 가셨던 선각의 말씀을 믿고 의지하여 뛰어들어야 함을 강조합니다. 즉, 그 순간 생사현관(生死玄關)을 뚫고 나아가야 불이적(不二的) 인식의 세계에 눈떠짐을 경험하게 된다는 것입니다. 처음 가는 가보지 못한 길은 가본 이들의 안내를 따르는 것이 순리입니다.
이것은 전통적인 선 수행의 종국에서 경험하는 부분입니다.

마지막 백척간두에서 진일보하기 직전에 느끼는 두려움과 심리적 압박은 존재론적 욕구에서 비롯된 '생사감(生死感)의 이분법적(二分法的) 인식' 결과입니다. 앤드류 뉴버그의『신은 왜 우리 곁을 떠나지 않는가?』라는 저술에서 일반적인 '이분법적 사고방식'의 기원을 다음과 같이 이야기합니다.[10]

진화생물학(evolutionary biology)의 입장에서, 우리의 일반적인 사고인지작용은 자연선택의 진화적 결과물입니다. 그것은 인류의 뇌가 여러 정보를 처리하는 특별한 방식입니다. 이것은 뇌가 다양한 감각적, 인지적 입력 정보를 바탕으로 작동하는 방법을 의미합니다.

살아남고자 하는 공포감과 두려움은 생존을 위해 존재합니다. 투쟁 및 도피 반응(fight and flight response)입니다. 저 숲의 동물이 나보다 큰지 작은지 판단해야 하는데, 잘못하면 내가 사냥하는 것이 아니고 사냥당해 잡아먹힐 수 있습니다. 그러한 빠른 판단의 선택으로 살아남아야 합니다. 이때의 경험은 학습되어, 호모사피엔스의 뇌구조가 서로 대립되는 개념의 쌍으로 인지되도록 진화되었다는 것이 진화생물학자들의 연구결과입니다.

그래서 모든 인지 방식이 '이분법적인 개념의 쌍'으로 이뤄지도록 인류의 뇌 구조에 진화적 결과로 내재되어 있다는 것입니다. 이 부분은 다음 장에서 보다 상세히 다룰 것입니다.

선지식의 안목으로 보는 관점에서, 이분법적 개념을 이끌어내는 뇌기능에는 역기능이 존재합니다. 그것은 이분법적 개념과 관념으로부터 벗어나지

---

10)『신은 왜 우리 곁을 떠나지 않는가』, 앤드류 뉴버그, 이충호 옮김, 한울림(2001).

못하면 내면의 갈등으로부터 벗어나기 어렵다는 문제입니다.

인류는 대립되는 관념의 쌍으로 대상을 인식하기 때문에 거부하기 어려운 자연의 선택 압력에 최상의 포식자로 살아남았습니다. 그러나 내부적 갈등의 모순을 극복하지 못하여, 끊임없는 '투쟁과 도피'의 역기능으로 씨족 간 갈등이 민족 간 싸움으로 확장되어 오늘에 이르기까지 인류 전쟁의 역사는 지울 수 없는 오점이 되고 있습니다.

왜 인류는 싸움을 종식하고 공존, 공영과 평등, 평화의 길을 모색하기 힘든 것인가요? 생태 공동체의 공존, 공영의 시작점은 스스로 자기조직(self organization)하는 생명계의 자기보존욕구(self conservation desire)를 극복하는 일이 시작이요, 끝이 될 것입니다. 다행히 우리에게 자기초월의지(self transcendence-will)가 있습니다.

'우리가 바로 진화다'라는 선언적 메시지는 에리히 얀치를 비롯한 진화생물학이 추구하는 커다란 희망의 과학적 역동성을 보여줍니다.

과학은 초요동의 영향을 받음으로써 인간 생활의 소외를 극복하고 생명의 기쁨과 의미를 증대하는 데 이바지한다. 과학의 이러한 새 역할의 일부를 전달하고자 하는 것이 이 저서의 가장 중대한 관심사다.

붓다의 명상은 이러한 인류 인식의 한계를 알아차림으로써 사실 인식의 오류(원리 전도 몽상遠離顛倒夢想)[11]를 극복하고 올바른 앎에 이르는 길입니다. 그것을 실천하는 길이 '붓다의 알아차림'이요, 대립되는 흑백논리(이분법의 대

---

11) 반야심경: 遠離顛倒夢想 究竟涅槃(원리전도몽상 구경열반) 모든 전도된 헛된 생각을 멀리 떠나, 구경열반(究竟涅槃)에 이른다. 보살이 반야바라밀다를 의지하여 구경의 경지에 다라 열반, 성불한다.

립 개념 쌍)의 벽을 허무는 '선 명상의 길'입니다. 이 길을 여는 시작은 생활 속에서 선 명상으로 과학적 불교 안목을 체화(embodied)하여 일상화하는 일이라고 확신합니다.

진화생물학과 불교의 가르침을 대비하여 살펴보며, 제가 가장 중시하는 것이 '붓다(Buddha)의 알아차림(awareness)'입니다.

붓다의 마음수행 핵심은 '사티(sati)', 즉 '알아차림'입니다. 그 가르침이 근본불교의 재발견을 통해 우리나라에 전해진 것은 오래되지 않았습니다. 그렇다고 이전의 한국 전통불교에 '알아차림'의 수행방식이 없었던 것은 아니라고 생각합니다. 용어의 문제일 뿐이지, 한국 전통불교에도 알아차림의 개념은 있었습니다. '지(止)'와 '관(觀)'의 개념이 들어온 것은 이미 1300년 전입니다.

'지관쌍운(止觀雙運)'에서 '관'은 '지켜본다'는 의미이고, 바르게 있는 그대로 보려면 '매 순간의 변화를 알아차려야' 가능합니다. '관'이 깊이 있게 이루어지려면 몸과 마음의 요동이 그쳐야 합니다(止). 그래서 지관(止觀)이 이루어지려면 '알아차림'의 바탕이 있어야 합니다. 대승불교의 수행 전통은 지관쌍운도(止觀雙運道)를 바탕으로 이루어진 것입니다.

15~20년 전부터 한국에 위파사나(Vipassanā, विपश्यना, 觀, Vipaśyanā)가 유행합니다. 미얀마 등 남방불교에서 배운 분들이 소개하고, 또 그쪽 스승인 파욱 사야도께서 한국에 초기불교를 가르쳤습니다. 당시 저는 사야도를 친견하고 가르침을 받고, 그 후 승가대학에서 4~5년간 미산스님[12]의 가르침을 따

---

12) 대한불교조계종 백운암 상도선원의 선원장. 1972년 백양사로 출가한 이래 봉암사와 백양사 운문선원 등에서 간화선 수행을 하였으며, 인도와 미얀마에서 초기불교 선수행을 했다. 동국대학교 불교대학 선학과를 졸업한 후 빨리어와 산스크리트어 문헌을 연구하여 인도 뿌나대학교에서 석사학위를 받았다. 이후 영국 옥스포드대학교 동양학부에서 "남방불교의 찰나설 연구"로 철학박사학위를 취득한 후, 미국 하버드대학교 세계종교연구소 선임연구원과 대한

르며 집중 수행을 했습니다. 물론 대승불교의 선(禪)에 대한 입문은 2000년
경 대자암 무문관을 이끄신 영파당 정영선사[13]의 가르침을 바탕으로 시작되
었습니다. 스님에게 4년여 꾸준히 상단 법어, 차담의 소참 법문, 실참의 안거
등을 통해 가르침을 받았습니다.

그것을 기초로 초기 불교의 알아차림과 대승적 알아차림에 어떤 차이와
공통점이 있는지, 진화생물학의 생태학 연구와 불교의 불이법이 어떠한 연
관성이 있는지 공부하였습니다.

'알려고 하지 말고 알아차려라, 깨우치려 하지 말고 깨어 있어라.'
제가 종종 하는 말입니다. 어찌 보면 말장난 같을 수 있는데, 중요한 의미
가 있습니다.

우리는 너무 지식이 많습니다. 수많은 지식에 압도되어 제대로 사물을 보
지 못하는 경우가 많습니다. 정보의 홍수 속에서 오히려 어리석게 되어 버립
니다. 한국 불교는 최상의 깨달음을 얻는 것을 갈급하는 분위기 속에서 깨
우침 위주의 선불교가 주도해 왔습니다. 그래서 '깨우치려 하지 말고 깨어
있어라'라는 말을 하는 겁니다.

'이 순간 내가 깨어 있는지 아닌지'가 중요하다는 의미입니다.

불교조계종 사회부장을 역임하였다.

13) 영파당 정영 대선사; 스님은 1964년 도봉산 천축사에 우리나라에서 처음으로 방문을 걸어 잠근 채 수행에만 전
념하는 무문관을 개설한 것으로 유명하다. 1993년에는 갑사 대자암에 무문관인 삼매당과 시민선방인 시방당을 개
설하여 한국불교의 수행풍토를 일신시켰다. 1923년 경남 창원 출생, 일본에서 공부. 19세(1940) 해인사에서 출가 구
도의 길. 금강산 마하연 선원, 유점사, 지리산을 거쳐 해인사, 스승 '윤포산' 대선사. 1942년 삭발 출가. 상월스님 은사
로 비구계를 수지/ 해인사, 칠불암, 대성사, 미래사, 보문사 등 제방 선원에서 수십 안거를 성만. 출처: 불교신문(http://
www.ibulgyo.com).

'무엇을 어떻게 알아차리는가?'를 아는 것이 지관(止觀)의 틀이 갖추어지게 된다는 것입니다.

생각하고 바라보는 나는 밖의 사물과 분리된 것이 아닙니다. 보는 그 순간은 보이는 별빛을 보는 내 마음도 별빛입니다. 볼 수 있기에 보고 있는 그 순간 내 마음에도 별빛이 투영됩니다.

별빛의 마음도 폭풍우처럼 거친 마음이 있었을 것입니다. 그러므로 우리 마음에는 아름다운 마음도 있지만 폭풍같이 화나는 마음도 있습니다.

그렇게 나의 마음을 비추어 봅니다. 마치 거울처럼, 거울에 어떤 것도 비칠 수 있지만 비추어진 것이 남아있는 것은 아니죠. 그렇게 우리 마음의 흐름을 잘 살펴볼 줄 아는 힘을 가지게 되면, 우리는 어느 것도 내려놓을 수 있는, 걸림 없는 경지(불매不昧)를 얻은 바 없이 득(得)하게 된다는 것이 선승의 가르침입니다.

서로의 느낌이 함께 움직이는 것을 공감 내지 감동이라 하는데, 여기 선(禪) 명상 수행에서 느끼는 느낌은 '궁극적 생명의 느낌', '근원의 느낌-명근(命根)'입니다. 왜냐하면 언어 이전, 한 생각 이전의 자리는 느낌이 끊기는 자리, 즉 인식 작용이 일어나지 않는 자리의 경험(무아체험, 無我體驗)이 커다란 자각(自覺)을 이끌어냅니다.

"있는 것도 없지만 없는 것도 없는 것, 그게 무엇이냐? 이 말입니다."

정영큰스님께서 늘 강조하시는 부분입니다.
대승적 간화선에는 그 부분에 초점을 맞춥니다. 그것이 화두, 즉 선(禪)입니다. 초기불교의 가르침은 이 순간 내가 듣고 보는 것을 느끼는, '견문각지(見聞覺知)'하는 마음을 있는 그대로 알아차리는 데 집중합니다.

'마음은 대상 없이 일어나지 않는다'라는 명제가 초기불교 아비달마의 가장 중요한 가르침입니다. 그러나 이러한 연기적 이치는 대승의 가르침과 통합니다. '그것이 있어서 이것이 있습니다.' 여러분이 있고 제가 있어 여기 모임이 있습니다. 두 시간 후에 이곳은 빈 공간이 될 것입니다. 그리고 각자의 인연으로 흩어집니다.

'마음은 대상이 있기 때문에 일어나는 것입니다.'
대상이 없으면 마음은 어디 있을까요? 이것이 어려운 문제입니다.

어쩌면 우리는 '일체유심조(一切唯心造)'라는 명제에 걸려 있습니다. 제가 유식(唯識)을 공부할 때, 이 명제를 불만스럽게 생각했습니다. 일체유심조를 잘못 해석하면, 마치 '마음 심(心)' 하나가 모든 것을 만드는 것으로 생각하게 됩니다. 일체가 마음의 소산이라고 하면서, 마음이 일체를 만들었다고 착각합니다.

그럼 마음이 뭐가 되는 것인가? '마음 심(心)'이라는 것이 따로 존재하는 것으로 느껴집니다. '마음 심(心)'이 창조주처럼 느껴집니다. 창조주가 있고 피조물이 있는 것처럼 말이죠. 책을 쓴 작자가 있어 책이 나오는 것과 같은 것이죠. 그러나 부처님은 그리 가르치지 않았습니다.

'상관관계'의 조건 속에서 현상이 드러나는 것입니다. 여러분과 내가 와서 여기 모임이 만들어지는 것처럼 말이죠. 두 시간 후에 관계는 또 바뀝니다. 여러분은 다른 관계 속으로 들어갑니다. 여러분이 모양, 양태, 조건, 환경을 바꾸는 거죠. 주지스님이 창조주여서 이런 자리가 만들어진 것이 아니죠. 여러분이 없으면 저도 없으니, 불법의 핵심은 관계 속에 모든 것이 드러난다는 것입니다. 이것과 저것의 관계 속에서 현상이 드러납니다. 관계되지 않고 독립적으로 존재할 수 있는 것은 없다는 거죠.

책을 쓴 사람이 있고, 그 책 쓴 사람 때문에 책이 있는 그런 관계가 아닙니다. 우리는 대체로 책을 쓴 사람이 있어서 이 책이 있는 것이라고 생각합니다. 2600년 전의 현자들도 그렇게 생각했고 지금도 그렇게 생각하는 이들이 있습니다. 그런데 붓다의 가르침은 다릅니다. 붓다는 세상을 창조한 신을 설정하지 않습니다. 그래서 현대의 과학자들에게 부처의 가르침이 와닿게 되는 것이죠.

붓다의 생각과 과학자들의 생각이 일치하는 것입니다. 상보적 관계의 과정구조거든요. 원자의 핵 구조도 그런 관계에서 이루어지고, 거시적 우주도 그런 관계에서 이루어집니다. 물리, 진화생물학, 분자생물학 책을 봐도 '상호관계'라는 말이 무수히 나옵니다.

'상호관계망'이 '인터넷 워크(internet work)'를 이룹니다. 이것이 있으므로 저것이 있습니다. 그것이 그물망처럼 구성되는 거죠. 그것을 '인드라망'이라 합니다. 불교는 그것을 가르치고 있습니다. 붓다 가르침의 중심이 그것입니다.

강입자들은 세 가지 역할을 한다: 첫째, 복합적 구조고 둘째, 다른 강입자의 구성 요소일 것이며 셋째, 구성 요소 간에 교환되어 하나의 구조를 함께 지탱하고 있는 힘들의 부분을 형성할 것이다.

'교차(crossing)'의 개념은 이 상(像)을 위해서는 결정적인 것이다. 각 강입자는 교차 채널에서 다른 강입자들과의 교환과 연관되어 있는 힘들에 의해 함께 묶인다. 그리하여 "각 입자는 다른 입자들을 발생시키는 데 도움을 주며 다른 입자들도 차례로 그것을 발생시킨다". 이러한 방식으로 강입자들의 현상이 부트스트랩(boot-strap)[14]에 의하여 스스로 발생되며, 또는 출현한다고 말할 수 있다.

그리하여 이러한 아이디어, 즉 극도로 복잡한 부트스트랩의 메커니즘은 자기 결정적이며, 그것이 달성되는 방법은 오직 하나뿐이다. 바꾸어 말해서 오직 단 하나의 가능한 강입자들의 자체조화장치-자연에서 발견되는-만이 있을 뿐이다.

강입자 부트스트랩에서 모든 입자는 자체 조화 방식으로 서로 간에 동적으로 구성된다. 그리고 이런 의미에서 서로를 '포함한다'고 말할 수 있다.

대승불교에서는 이와 매우 유사한 개념이 전 우주에 적용되고 있다. 상호 관통하는 사물이고 사건들인 우주적 망이, 인드라 신의 궁전 위에 걸려 있는 귀한 보석으로 된 광대한 그물인 인드라망(網)의 은유로 〈화엄경〉에 예시되어 있다. 찰스 엘리엇(Charles Eliot) 경이 옮긴 글에 다음과 같이 표현되어 있다.

"인드라 하늘에는 진주 그물이 있고, 그 그물들은 잘 정돈되어 있어 만일 사람이 어떤 하나의 진주를 보면 다른 모든 것들이 그 속에 반영되어 있는 것을 볼 것이다. 같은 방식으로 이 세계 각각의 대상물은 단지 그 스스로 존재하는 것이 아니라 다른 모든 대상물을 동반하고 있다. 그러므로 사실상 각각의 대상은 서로 다른 모든 것이기도 하다. 모든 티끌의 입자 속에도 무수한 부처들이 현존한다."

이러한 이미지의 강입자 부트스트랩의 유사성은 진정 놀랄 만한 것이다. 인드라 그물의 은유는 소립자 물리학이 시작되기 2천5백 년 전에 동양의 성인들에 의해 창조된 최초의 부트스트랩 모델이라 불릴 수 있다. 불교도들은 상호 관통의 개념

---

14) 프로그램을 입력하는 방법의 하나로서, 최초에 명령을 판독하기 위해 간단한 조작을 해두면 그 다음부터는 그 명령의 판독을 순차적으로 행하여 최종적으로는 완전한 프로그램이 기억장치 내에 수용되도록 만들어진 루틴(다음백과).

이 지적으로 이해될 성질의 것이 아니고, 명상의 상태에 있는 깨달은 마음에 의해 체험되는 것이라고 주장한다. 그러므로 스즈끼 다이세쯔는 다음과 같이 말하고 있다.

"간다브유하(Gandavyuha) 부처는 이미 공간과 시간에서 지각할 수 있는 그러한 세계에 살고 있는 분이 아니다. 그의 의식은 감각과 논리에 이해 규정되어야 하는 일상적인 마음의 그것이 아니다. …… 간다브유하의 부처는 그 자체의 법칙을 가지고 있는 정신적 세계에서 살고 있다."

이 상황은 현대 물리학과 매우 유사하다. 다른 모든 것들을 포함하는 모든 입자라는 개념은 일상적인 시공에서는 상상할 수 없는 것이다. 그것은 부처의 그것처럼, 그 자체의 법칙들을 갖는 어떤 실재를 기술한다.

강입자 부트스트랩의 경우에 있어서 주요 근본 개념은 입자들을 함께 묶어 주고 있는 힘이다. 그것들 스스로가 교차채널에서 교환되는 입자들이므로, 양자론과 상대성 이론의 법칙들의 적용을 받는다.

이러한 개념에 어떤 정확한 수학적 의미가 주어질 수는 있지만 뚜렷이 눈앞에 떠오르게 하기란 거의 불가능하다. 그것은 특히 부트스트랩 이론의 상대론적인 특징이다.

그리고 우리는 4차원적 시공 세계의 직접적 체험을 가지고 있지 못하므로 어떻게 하나의 단일한 입자가 다른 모든 입자들을 포함하고, 동시에 그것들 각각의 일부분이 되는가를 상상하기란 매우 어려운 일이다. 그러나 이것이 바로 대승관(大乘觀)인 것이다. [15]

― G.F. 츄의 강입자 부트스트랩 이론

15) 『현대 물리학과 동양사상(The tao of physics)』 프리초프 카프라, 이성범·김용정 옮김, 범양사(2002), pp.322~323.

이렇듯 물리학 연구자들도 붓다의 가르침과 동일한 관점으로, 물질 구성 또한 서로 관계되어진 과정구조로 보고 있습니다.

그런데 브라만과 아트만 개념으로만 보면 불교가 왜곡됩니다. '공(空)'을 잘못 해석하면 허무주의에 빠집니다. '공'을 잘 이해해야 합니다.

제가 아는 한 물질은 하늘에서는 구름이 되고, 내려오면 비가 되고, 흐르면 강이 되며, 모여 있으면 바다가 됩니다. 이 물질이 환경과 위치에 따라 양태와 이름만 바뀝니다. 그것이 무엇입니까?

모두 다 본질은 H_2O, 물입니다.

그 본질을 불교에선 '공성(空性)', '불성(佛性)'이라 합니다.

여기서 말하는 핵심은 '팔불론(八不論)'[16]입니다. 즉 '불생불멸(不生不滅) 불입불출(不入不出) 불단불상(不斷不常) 불이불래(不離不來)'라는 것입니다. '생(生)'도 아니고 '멸(滅)'도 아닙니다.

과학자들이 연구하니 실제 존재구조가 그런 특성을 갖는다고 합니다. 이것이 분자, 원자 차원에서 요동한다는 것이죠. 핵을 중심으로 전자들이 도는데, 나타났다 안 나타났다 하니, 시계추처럼 보이지만 사실은 돌고 있습니다. 전자가 공유되면 핵이 결합하는데, 이것도 가만히 있는 것 같지만 안에서는 요동하고 있는 것입니다.

물질도 끊임없이 움직이고 바뀌는 것입니다.

---

16) 팔불중도; '소멸하지도 않고 발생하지도 않으며(不滅不生)/ 단멸하지도 않고 상주하지도 않으며(不斷不常)/ 같지도 않고 다르지도 않으며(不一不異)/ 오지도 않고 가지도 않으며(不來不去)' 구마라습의 한역 『중론』에서는 ①불생(不生)/불멸(不滅), ②불단(不斷)/불상(不常), ③불일(不一)/불이(不異), ④불출(不出)/불래(不來)로 옮겨져 있는 이 팔불은 두 개의 대칭되는 개념이 한 쌍을 이루고 있다.

인류는 현미경(1590년대 네덜란드의 안경사인 얀센 부자가 발명)이 발명되면서 육안으로 볼 수 없던 세계를 보게 되었죠. 안 보이는 역동적 소립자와 광활한 우주를 본 물리학자 입장에서 붓다의 가르침을 과학적 사실로 받아들입니다. 그들이 말합니다.

"불교는 과학이다."
우리 승려들의 말이 아니고 서양 과학자들의 말입니다. 불법(佛法)은 과학(science)이라는 것입니다.

'알아차림 수련'은 세세한 움직임을 대상으로 할 때, 예를 들면, 내가 물을 먹으면 물이 흘러서 위로 들어가는 느낌을 세밀하게 알아차려야 합니다. 운전할 때도 운전하는 느낌을 알아차립니다. 40년 전에는 주로 자동차 변속스틱이 있었습니다. 출발할 때 반 클러치 놓고, 액셀을 밟죠. 처음에는 하나하나 배우지만, 익숙해지고 학습되면 자동화(automatism)됩니다.
정보가 안쪽의 변연계 뇌로 가면 자동화됩니다. 운전을 하는 데 논리적으로 하지 않죠. 온몸으로 느껴서 감을 잡고 운전합니다. 마찬가지로 알아차림 수행도 처음에는 노력해서 알아차리지만, 익숙해지면 자동화되어 알아차리게 됩니다. 이것이 문제가 되기도 합니다.

초기불교 가르침은 사념처 수행의 네 가지 수행법이 기초가 됩니다. 먼저 호흡을 놓치지 않고 살펴 알아차려야 합니다. 초기 중국 불교는 사념처 수행을 하였습니다. 그것이 '호흡입출식념-아나빠나 사티(Ānāpānassati)'입니다. 호흡을 보는 공부이죠. 아나빠나 사티는 들어오고 나가는 자연스러운 호흡을 알아차리는 것입니다. 다음에는 몸과 마음으로 느껴지는 느낌을 놓치지 말고 살펴야 합니다. 우리의 정신과 생리적 몸이 어떻게 작용하고 움직이는 지를 보는 것이 '느낌 알아차리기', '웨다나 사티(vedana sati)'입니다.

우리가 마취되어 수술대에 오르면 몸을 못 느낍니다. 살았는지 죽었는지 를 모르죠. 자다 일어난 것 같은데 수술이 다 끝났다고 합니다. 느낌이 우리 의 몸과 마음을 연결하는 코드 역할을 합니다.

간단히 정리하면 사념처 수행(Mahāsatipaṭṭhāna)[17]의 첫째는 '신념처 수행', 즉 '카야 사티파타나(Kāyāsatipaṭṭhāna)'로서 몸을 관찰하는 것입니다. 둘째는 '수념처 수행', 즉 '웨다나 사티파타나(Vedanāsatipaṭṭhāna)'로서 감각을 관찰하 는 것입니다. 셋째는 '심념처 수행', 즉 '칫따 사티파타나(Cittāsatipaṭṭhāna)'로 서, 마음을 관찰하는 것입니다. 넷째는 '법념처 수행', 즉 '담마 사티파타나 (Dhammāsatipaṭṭhāna)'로서, 사물의 법을 관찰하는 것입니다.

사티파타나(satipaṭṭhāna) 수행으로 대상은 고정되고 변함없는 것이 아님을 알게 됩니다. 면밀히 지켜보니(watchful) 내 의식 속에 나타났다, 머물렀다가, 사라집니다. 아침에는 저 인간 때문에 화가 났는데 저녁에는 '하하 호호' 하 면서 같이 식당으로 갑니다. 이렇게 마음은 수시로 바뀝니다.

우리 인식을 살펴보면 비유하여, 세포에 자기복제기능이 있듯이, 우리 의 마음도 자기복제기능이 있다는 것을 알게 됩니다. 이러한 사티파타나 의 수행기초가 어떻게 대승적 불이중도(不二中道)의 선(禪) 수행과 맞물려

---

17) MAHASATIPATTHĀNA translate U Jotika & U Dhamminda사념처(四念處)는 초기불교 수행법의 전형으로 써 사념주(四念住), 사의지(四意止), 사지념(四止念), 사념(四念)-몸(身), 느낌(受), 마음(心), 법(法)에 대해 마음지킴을 확립 하는 수행 사념처 수행은 깨달음을 얻기 위한 37가지 수행법(三十七助道品) 가운데 첫 번째몸과 마음에서 발생하는 현상들에 대한 지속적인 관찰과 주의집중을 통해 탐욕과 근심으로부터 벗어나게 하는 데에 있다. 네 가지 거룩한 진 리(四聖諦)를 깨닫는 것을 목적으로 한다. 출처: 불교신문(http://www.ibulgyo.com).

FAWARUD[통합적 선 명상 수행도구]로 이행되는지는 후에 다른 장에서 자세히 다룰 것입니다.

2) 심신쌍운(心身雙運)-상호작용의 불이(不二)적 관계

근본불교의 최고 텍스트인 '위숫디마가(visuthimagga)',[18] 즉 '청정도론'을 보면 마음과 몸에 대한 이야기가 나옵니다.

광혜스님: 붓다시여, 몸과 마음은 대체 어떤 관계입니까?
부처님: 광혜스님이시여, 몸과 마음의 관계는 배와 선장의 관계와 같습니다. 아무리 좋은 배라도 선장이 없으면 강을 못 건넙니다. 광혜스님이시여, 반대로 선장이 아무리 뛰어나도 배가 없으면 저 강을 건너지 못합니다. 실로 몸과 마음은 이러한 관계입니다.[19]

이와 같이 몸과 마음의 관계는 배와 선장과의 상호관계입니다. 이 내용은 팔만대장경에도 있습니다. 이제 우리는 대승불교에서 대상을 인식할 때, 붓다의 중도불이(中道不二)적 인식 방식으로 인식하려 노력합니다.

---

18) The Visuddhimagga (Pali; English: The Path of Purification), is the 'great treatise' on Buddhist practice and Theravāda Abhidhamma written by Buddhaghosa approximately in the 5th century in Sri Lanka. It is a manual condensing and systematizing the 5th century understanding and interpretation of the Buddhist path as maintained by the elders of the Mahavihara Monastery in Anuradhapura, Sri Lanka.

19) 『남전대장경』 제64권, pp.302~303; 『유식철학』 요꼬야마 고우이츠/묘주 옮김, 경서원 p128에서 인용.

대승불교에서 '아뢰야식'[20]이라는 것이 나옵니다. 여래장식, 혹은 제8식이라 합니다. 인간의 의식에는 전5식, 6식 7식 8식 등이 있는데, 우리의 잠재의식이 제8식인 아뢰야식입니다.

이것은 참으로 강력합니다. 마치 컴퓨터처럼, 유전 코드화되어 뇌 구조 안에 자연선택 압력으로 진화의 흔적이 프로그램되어 있는 것입니다. 내가 의도한 게 아닌데, 과거의 업력으로 아뢰야식이 작동합니다. 우리가 다른 사람들을 볼 때, '쟤는 성격이 왜 저러지? 쟤는 마음을 왜 저렇게 쓰지?' 하면서 상대의 성격에 대해 의아해하는 것은 각자 아뢰야식이 다르기 때문입니다.

아뢰야식의 작동이 대상을 인식할 때 '개념화'를 이룹니다. '범주화'되어 '개념화'된다는 의미입니다. 예를 들면 우리는 '나 저거 좋아해, 맛있어. 저 음악 좋아해, 싫어해. 저 음식 좋아해, 싫어해'라고 말합니다. 이렇게 좋고 싫은 개념이 있습니다. 좋고 싫음이라는 마음이 왜 생겼을까요?

남성이 있고, 여성이 있습니다. 저도 남성이죠. 그런데 여성 없이 남성이 나옵니까? 아니죠. 여자가 있으니 남자가 있고, 남자가 있으니 여자가 있듯이, 좋아하는 마음은 싫어하는 마음을 대상으로 일어난 파도 같은 것입니다.

현각스님은 어떤 한국 음악만 들으면 눈물이 나왔다 합니다. 저 노래가 뭔지 모르는데 말이죠. 그래서 숭산스님에게 그 얘기를 하였답니다. 그런데 그 노래는 애국가였습니다. 숭산스님이 알아차립니다. '현각, 너의 과거 삶은 대한민국의 독립군이었다. 그래서 자기도 모르게 그 음악을 들으면 눈물이 나는 것이다.' 이게 아뢰야식 작용입니다.

---

20) 아뢰야식(阿賴耶識)은 산스크리트어 알라야 비즈냐나(आलयविज्ञान ālaya vijñāna), 아라야식(阿梨耶識) 제8아뢰야식(第八阿賴耶識), 제8식(第八識, eighth consciousness) 부파불교의 설일체유부; 마음(心)은 안식·이식·비식·설식·신식·의식의 6식(六識), 대승불교의 유식유가행파; 8식(八識), 심층의 의식인 제7식인 말나식과 제8식인 아뢰야식이 있다. 아뢰야식에 포함된 종자로/ 아뢰야연기(阿賴耶緣起)라 한다. https://ko.wikipedia.org/wiki/

아뢰야식은 이렇게 시공을 초월해 작동합니다. 내가 표면의식으로 알 수 없는 깊은 심의식의 인식작용이 있습니다. 그 무의식을 알아차리라는 겁니다. 이것은 쉽지 않죠. 이런 알아차림은 많은 수련이 있어야 합니다.

그러면 내가 왜 저 음악을 들으면 기분이 좋아지는지 알게 됩니다. 저것만 보면 싫어지고 좋아지는 것은 그 반대적인 것이 숨겨져 있기 때문에 그런 것입니다. 여자가 있어야 남성이 태어나는 것처럼 말이죠. 과거 경험에 뭐가 있었다는 것까지 알아차려야 합니다. 즉 반대되는 대립개념의 쌍이 무의식-아뢰야식에 있음을 알아차리라는 것이죠. 그러나 보통 선지식은 '언하에 깨우쳐라' 하시죠. 알아차려라, 하지 않습니다.

아하! 대오각성의 알아차림이 '과거 인식의 막을 뚫고' 나를 깨웁니다.

보통 수행자들은 '초기불교의 알아차림'만 강조하는데, 대승의 깨우침은 알아차림을 바탕으로 한다는 것을 무시해서는 안 됩니다. 대승불교는 사실 이 부분을 깊이 있게 다룹니다. 이것은 중관학[21]에서 다룹니다. 중관학은 용수보살(나가르주나 보디사트바)의 가르침으로, 논리를 뛰어넘는 논리가 있습니다.

그것을 이해해야 합니다. 그것이 아뢰야식의 흐름을 보는 능력을 키웁니다. 중론(中論)은 먼저 '공(空)'에 대한 고찰로 시작합니다. '보는 눈이 눈을 볼 수 없다'라고 논파하면서요.

---

21) 관학; 나가르주나, 용수(龍樹, Nāgārjuna: 150~250)의 중관사상이 담긴 『중론(中論, Madhyamaka śāstra)』과 『십이문론(十二門論, Dvādaśamukha śāstra)』, 그리고 그의 제자인 제바(提婆, Āryadeva: 170~270)의 『백론(百論, Śataśāstra)』 등은 대역경사 구마라습(鳩摩羅什; Kumārajīva: 343~413)에 의해 한역되었다. 대승불교의 주요 학파. 공 개념을 철학적으로 발전시켰다. 공에도 집착하지 않고 현상에도 집착하지 않고, 둘을 동시에 포섭하는 중관의 개념으로 바라보라고 가르친다.

산은 멀리서 보면 그냥 좋은 풍경이지만, 가까이 가면 숲도 보이고, 토끼도 보이고 다람쥐도 보이고, 도토리도 보입니다. 관법(觀法)수행을 할 때는 멀리 놓고 보는 게 아니고, 다가가서 지켜볼 수 있어야 합니다. 바짝 다가가야 합니다. 요가와 명상을 할 때도 그렇습니다. 계속 다가가서 그 대상이 내 인식과 떨어지지 않고 지속되면, 어느 순간 대상과 나의 인식은 하나가 됩니다.

과거에 호주에 사는 지인이 저의 수행에 관심 있는 현지인과 통화를 연결시켜 주겠다고 해서 좋다고 했습니다. 그분 말씀이 저의 요가를 보니 다르긴 한데, 핵심이 무엇인지 모르겠다고 합니다. 그래 제가 그랬어요!

— 목소리만 들려서 얼굴은 못 보지만 오른손 들어봐라. 그 오른손으로 눈을 가려봐라. 뭐가 보이나.

'손이 보입니다.'

— 그건 조금 전에 네가 눈 떠 봐서 보았던 손이지, 지금 보는 게 손은 아니지 않나.

'그렇습니다.'

— 그럼 이제 무엇이 보이냐?

'아무것도 안 보입니다.'

— 아무것도 안 보이지. 그게 요가(yoga)다.

너는 요가를 어떻게 생각하는지 몰라도 그게 요가의 근본적인 가르침이다.

이 이야기 속에 중요한 것이 있습니다. 초기 불교의 알아차림은 레이더로 대상을 파악하는 것과 같습니다. 전파가 날아가서 대상에 부딪히고 돌아오는 것을 읽어서 배가 오는 것을 알게 됩니다. 그럼 '어떤 배가 어느 항로를 타고 제대로 들어오는구나' 하고 알게 됩니다. 저는 군대 시절 바다에서 24

시간 그렇게 배들을 관찰했습니다(제가 제주도 군대 생활을 레이더 사이트에서 3년 했습니다).

우리가 그렇게 대상을 보고 듣고 할 때, '이게 컵이네, 물이네, 먹어야지' 하고 마음을 일으킵니다. 알아차림이 수승해지면 대상을 향해 인식이 들어가며, 알아차림의 주체와 대상이 하나가 됩니다. 그때가 죽비 칠 때의 '방'이고, '할' 하고 소리칠 때입니다. 그것이 전통적으로 대승불교의 간화선에서 자각시키는 기법입니다.

그것은 병아리가 알에서 깨어나려 하면 어미가 쪼아주는 것과 같습니다. 병아리가 알에서 깨어나려 움직일 때 어미 닭이 쪼아주게 되고, 병아리가 껍데기를 쉽게 깨고 태어나죠. 그것을 선지식의 세계에서 '줄탁동시(啐啄同時)'[22] 라 합니다.

테라바다에서는 초기 불교 가르침을 대상에 일으킨 마음이 대상에 닿으면, 대상이 나와 분리되지 않은 상태에서 대상의 공함을 알아차린다고 설명합니다.[23] 그것에는 단계가 많습니다. 아랫단계 사람에게는 윗단계를 알려주지 않습니다. 그래서 중간까지만 배우고 와서 더 이상 가르침이 없는 줄 압니다만 그렇지 않습니다.

또 소승이 대승과 다른 줄 압니다만, 궁극적으로는 같은 것입니다. 이것을

---

22) 줄탁동시(啐啄同時): 병아리 부화 시기/알 안에서 병아리가 껍데기를 깨려고 온 힘을 다해 쪼아댄다. 이때 어미 닭이 그 신호를 알아차려 바깥에서 부리로 알껍데기를 쪼아줌으로써 병아리의 부화를 돕는다. 병아리가 껍데기를 깨려 애쓰는 것이 줄(啐)/ 어미 닭이 밖에서 쪼아주는 것을 탁(啄)이라 한다. 줄과 탁이 동시에 일어나 한 생명이 탄생된다.

23) 마하시 수행법과 『대념처경』, 김재성/ 발생과 소멸에 대한 앎/ 사티가 대상에 전속력으로 부딪친다. 대상과 알아차리는 마음이 짝을 이루어 순간순간 사라지는 것이 분명해질 때/대상과 대상을 아는 마음이 함께 사라지는 것을 끊임없이 관찰할 때, pp.164~168.

'쌍차쌍조(双遮双照)'[24]라 합니다. 거울처럼 서로 비추어 보고 알아차리되 거울에 담기지 않듯이, 내려놓게 되는 지경을 이르는 가르침입니다. 차조(差照)가 동시에 이루어진다는 겁니다. 성철스님께서도 100일 법문에서 시종일관 강조한 것입니다.

'붓다의 알아차림'은 2,500여 년 동안 발전해 왔습니다. 이 알아차림 공부를 하면 뇌가 엄청 빠르게 회전합니다. 알아차림 공부를 하면 우리는 하늘처럼 맑아집니다. 칠판에 아무것도 쓰여진 것이 없으니 쉽게 글씨를 쓸 수 있듯이, 머리가 비어 뇌 작용이 명료해지면 무엇을 봐도 잘 들어옵니다.

명상을 하면 맑아져 많은 책을 순식간에 섭렵할 수 있습니다. 천재가 많이 있었습니다. 원측스님[25]도 그런 천재 중 한 사람입니다. 중국의 현장스님에게 가서 번역에 동참한 십여 명의 제자 중 한 분입니다. 요즘으로 치면 뛰어난 브레인이죠. 이분이 전한 텍스트가 통일신라의 귀족 자제들을 깨웁니다. 그래서 뛰어난 스님들이 나와 추후 나라의 동량(棟梁)이 되어, 외침을 물리치고 통일 국가를 이루는 큰 힘으로 작동하죠.

------

24) 쌍차쌍조(雙遮雙照): 〈영락본업경(瓔珞本業經)〉에 나오는 불교용어로서 중국 천태종 개조 지의(智顗, 538~597) 대사는 이것을 인용해서 중도(中道)를 설명했고, 성철(性澈) 스님도 쌍차쌍조가 중도의 핵심사상이라 했다. 여기서 '쌍(雙)'이라고 하는 것은 주관과 객관을 얘기하며, 상대의 양변을 말한다. 즉, 나와 너, 유와 무, 이것과 저것, 양과 음, 강과 약, 흑과 백, 남녀 등 일체의 차별상인 2분법이 내려와 지는 것을 말한다. 즉 차조동시(비추임과 내려놓음)로 내려놔져야 한다.

25) 원측(圓測, 613년~696년)은 신라의 승려/김, 속명은 문아(文雅), 신라 왕족 경주 모량부(牟梁部) 출신 3세에 출가, 15세(627)에 당나라로 유학, 효소왕 5년(696)으로 84세로 당나라에서 입적. 당나라에서 법상(法常)·승변(僧辨)에게서 유식론(唯識論)을 배웠으며,[1] 현장(玄奘: 602-664)이 645년/사사중국어산스크리트어에 능통, 당 태종으로부터 도첩(度牒)을 받아 원법사(元法寺)에 기거하며 《비담론》, 《성실론》, 《구사론》 등을 공부하고 고금의 장소(章疏, 신하가 임금에게 상소하는 글)에 통달하였다.

3) 뇌과학적 대립 개념의 인식작용

 인간은 자연선택의 압력에서 살아남고자 '삶과 죽음 개념'의 인지작용으로 진화된 뇌구조를 만들게 되었습니다. 왜? 어떻게? '이분법적인 인식' 작용이 인간에게 진화되어 왔는지, 이에 대한 생물학적 설명은 앤드류 뉴버그의 저술『신은 왜 우리 곁을 떠나지 않는가?』와『믿는다는 것의 과학(Born to Believe)』에 상세히 논구됩니다.

 삶과 죽음의 기본적 갈등, 즉 존재론적인 생존본능으로부터 진화된 인류의 뇌는 '이분법적인 대립개념 쌍'을 만들게 됩니다. 이는 자연선택의 압력으로부터 살아남고자 상황을 빠르게 인식·판단하기 위해, 큰 것과 작은 것, 높고 낮음, 길고 짧음, 밤과 낮, 있고 없음, 삶과 죽음의 대립개념들로 환경의 상황을 인지하도록 진화되었다는 것입니다.
 그래서 인류는 항상 시시비비를 가리는 인식구조를 가지게 됩니다. 좋아하고 싫어함의 정신적 기능은 그 기원이 이런 이분법적 오퍼레이터 기능을 하는 신경생물학적 뇌구조에 있다는 겁니다.

 앤드류 뉴버그는 그것을 '인지적 오퍼레이터(cognitive operator)'라 명명하며 다양한 뇌구조들의 집단기능이라 정의합니다. 이것을 '마음의 조직원리'로 본 거죠. 우리가 생각하고, 느끼고, 의식적 존재로 살아가는 것은 '뇌의 오퍼레이터 기능', 즉 뇌신경 세포의 집단적 기능들이 조화를 이루어 작용하기 때문입니다.

우리는 이 책에서 언급된 인지적 오퍼레이터(cognitive operator)가 사실은 뇌가 정보를 처리하는 특별한 방식이고, 이런 방식은 뇌가 기능을 발휘하는 데 필수적 부분이란 사실을 뒷받침하는 증거를 제시할 것이다.

우측의 뇌, 즉 '두정엽 영역'은 우리에게 전체적 인지를 가지는 뇌의 집합적 기능, 즉 전체론적 오퍼레이터 역할을 한다. 좌측의 뇌, 즉 '좌뇌 부정엽'은 지각된 개개 사실들을 일반적 개념으로 이끌도록 하는 추상적 기능을 한다. 또한 뇌의 하두정엽에서는 마음에 현실을 조직하는 강한 도구를 제공하는 이분법적 오퍼레이터 역할을 한다.

마음은 하나의 과정이지 재료가 아니다. 물질로부터 특별한 과정들이 발생할 수도 있다.
현대과학에서 물질은 과정이란 말로 재인식되었다. 마음은 물질의 배열에 따른 특별한 종류의 과정이다, 라는 것이 나의 근본 입장이다.

생물학적 생물체가 내용을 가지는 존재임을 알 수 있다. 따라서 어떤 특별한 종류의 생물학적 구성이 정신적 과정을 낳는다고 가정하는 것이 자연스럽다.
하두정엽이 손상되면 볼링공과 구슬의 차이를 모르게 된다. 즉 상대적으로 크거나 상대적으로 작은 것이라는 개념을 이끌어내지 못한다. 이분법적 오퍼레이터의 하두정엽은 물리적 세계관과 관념적 세계에 주요한 역할을 한다. 인간에게는 진화된 이분법적 뇌의 집합적 기능, 즉 오퍼레이터가 늘 작동하게 된다.[26]

앤드류 뉴버그는 젊은 시절 일본에서 선을 수행하고, 미국의 펜실베니아 대학으로 돌아와 선(禪) 수행에 대해 뇌과학적 연구를 합니다. 그리고 그는 여러 종교 단체와 명상 수행자들을 모아 의학적 조사와 연구를 하였습니다.

그가 연구한 것은 '뇌의 인지적 오퍼레이터' 기능입니다. 호모사피엔스의 수렵·채집 시절부터 인류의 뇌는 살아남기 위한 사냥과 채집에 특화되기 시작했습니다. 인류는 강렬한 투쟁과 회피(fight and flight)의 과정에서 상황을 인지하면, 강한 자연선택의 압력을 받게 됩니다.

그 삶의 투쟁에서 살아남기 위해 본능적으로 자기보존(self conservation)을 하려고 합니다. 어떻게 하면 살아남는가? 표범이 숲에서 움직이는데, 저 표범이 나보다 센지, 약한지 판단해야 합니다. 잘못 판단하면 저놈이 나를 죽일 수 있으니 판단을 빨리 잘해야 합니다. 저곳이 높은지 낮은지를 알아야 막대기로 저것을 따는지 못 따는지 알 수 있습니다.

살아남기 위해서는 상황 판단을 빠르게 인지해내야 하는데, 저것이 살아있는지, 죽어 있는지를 빨리 판단해야 합니다. 창으로 맘모스를 찔러 쓰러뜨렸지만, 맘모스가 아직 살아있다면 다가갔을 때 나와 부족이 죽으니, 저것이 살았는지 죽었는지를 빨리 정확히 알아야 하는 겁니다.

다음은 엔드류 뉴버그의 저술의 내용을 읽어 드리겠습니다.

---

26) 『신은 왜 우리 곁을 떠나지 않는가』, 앤드류 뉴버그, 유진 오닐, p.265.

사냥꾼은 나무 사이 표범을 추측하며 벌어진 상황에 반응함과 동시에 잠재적인 위험에 대해 생각할 수 있는 능력을 갖춰야 한다. 좌 뇌편도의 기능인 마음의 인지적 오퍼레이터 작동은 덤불 속에서 나는 소리의 수수께끼에 집중하도록 한다. 동시에 이분법적 오퍼레이터의 뇌기능은 서로 대립되는 것들의 갈등으로 해석한다. 이러한 갈등은 표범인가 아닌가의 판단이지만, 길고 보편적 차원에서 삶과 죽음의 기본적 갈등으로 해석, 인지된다는 것이다.

이러한 절박한 상황에서 분석적이고 언어적인 좌뇌는 즉시 어떤 논리적 연결 관계를 만들어 대처 방안을 만든다. 그러나 논리적 가설은 딜레마에 빠지게 되고 판단이 보류된다.

이때 직관적이고 전체론적 우뇌는 논리보다 이미지와 감정으로 긍정적인 흐름을 만들어 감정적 이미지 표상을 강력하게 확신을 갖는 직감적 믿음으로 이행한다. 인지적 충동의 목적으로 생존의 결과를 높이는 결과를 낳는다.

표범과 비표범, 삶과 죽음이라는 서로 대립된 개념은 이제 강렬하고 신경학적으로 해결되었다. 원인이 결정되었다. 생각에는 감정적인 확신의 무게까지 실렸고 하나의 논리적인 가능성에 불과하던 것이 직감적 믿음으로 변했다.

이렇게 긴박하고 답을 얻을 수 없는 질문에서 시작되어 마음은 인지적 명령에 떠밀려 뇌의 분석적 능력을 작동시킨다는 것이다. 그 결과 이분법적 오퍼레이터는 대립되는 상황을 적용이라는 틀 속에 넣는다.

좌뇌와 우뇌의 전체론적 합의로 뇌 전체에 의견이 통일되어 논리적 생각을 감정적으로 느껴지는 믿음으로 변화시킨다. 이러한 믿음으로 모든 불확실성을 해소하고, 사냥꾼은 일관성 있는 시나리오에 따른 효율적 반응을 하게 된다.

이러한 믿음은 생존기회를 높이며 이것이 마음이 작동되는 인지적 충동 명령의 목적이 된다는것이다. 이 과정들은 반복적인 경험으로 자동적으로 일어난다.

……

존재론적 두려움으로 인해 인지적 기능에 형이상학적 동경을 파악하고 지시한다면 이분법적 오퍼레이션은 그 존재 흔적 문제를 중단시키고 그것을 신화의 핵심 요소인 양립할 수 없는 대립된 것들의 쌍(천국과 지옥, 선과 악, 탄생과 죽음과 재탄생, 분리와 통일)으로 재편함으로써 그 명령을 수행한다.

……

"위와 아래라는 반대개념보다 명백한 것이 어디 있겠는가? 그러나 위와 아래의 관계는 얼핏 생각하는 것처럼 절대적인 것이 아니다. 실제로 그 관계는 상대적이고 임의적이지만, 단지 우리의 마음이 그렇게 생각하도록 진화해왔기 때문에 명백한 것으로 여겨질 뿐이다."

이분법적인 오퍼레이터(Dual Operator)는 대립되는 것들을 관찰하고 확인하는 것이 아니라 그것들을 가장 복잡한 시간과 공간의 관계를 서로 반대되는 성질들의 짝 위-아래, 안-밖, 왼쪽-오른쪽, 이전과 이후로 간단하게 축소함으로써, 우리 마음으로 하여금 사물들을 근본적으로-이분법적 오퍼레이터-하두정엽 기능의 작용으로 물리적 세계관, 관념적 세계에서 중요한 구별을 이해하게 해준다.[27]

우리는 살아남기 위해 그런 패턴으로 진화했다는 것입니다. 지금 이 순간에도 우리 뇌의 아뢰야식이 그렇게 작동하고 있습니다. 사억 육천만 년 동안 반복된 진화의 삶을 살면서 유전적(gene) DNA 구조 속에 그것이 저장되어 있습니다.

그래서 우리는 모든 것을 '선과 악'으로 구분합니다. 고타마 사카무니 붓다는 그것을 본 것입니다. 우리는 끊임없이 '저게 선한 것이다. 악한 것이다'라는 식으로 사물들을 구분합니다. 악하면 물리쳐야 하죠. 그럼 전쟁을 하

---

27) 앞의 책 p.74.

게 됩니다. 싸움이 민족 간의 문제가 되면 전쟁이죠.

카필라가 살아남으려면 전쟁을 해야 했습니다.

어느 날 석가모니께서 삼매 속에서 마가다국이 붓다의 고국인 카필라국을 침공하는 것을 보게 됩니다. 척후병이 와서 보니 붓다가 길에 나와 명상을 하고 있습니다. 왕은 자신이 존경하는 고타마 사카무니 붓다가 명상을 하고 계시니 진군하지 못하고 회군합니다. 대군이 회군하면 어마어마한 비용이 드는데 두 번이나 회군합니다. 역사적으로 남아있는 기록이죠.

그러나 세 번째에는 부처님이 나가시지 않습니다. 목갈라나 존자가 보니 전쟁이 일어나는데 부처님이 막으려 아니 하시니, 자기의 신통력으로 사람들을 구하기 위해 그들을 발우에 담아 하늘로 띄웠답니다. 군대가 지나가고 내려놓았는데, 그곳을 보니 피바다 상태가 되어있더라는 거죠. 그것을 보고 목갈라나 존자가 붓다에게 묻습니다.

"붓다시여, 이것이 어떻게 된 일입니까?"

여기에 업(karma)에 대한 문제가 나옵니다. 경전은 업에 대한 문제를 설명하기 위해 이 이야기를 실은 겁니다. 업(karma)에 대한 문제가 사건 속에서 생생하게 전개되는 것이죠.

목갈라나는 묻습니다.

"우리는 업을 초월하지 못하는 겁니까?"

붓다의 가르침으로 이 문제를 깨우친 목갈라나 존자는 전법유랑을 떠납니다. 목갈라나가 떠나려 하자 부처님은 '그 지역은 위험하니 가지 말아라!' 하고 말립니다. 그런데 굳이 갑니다. 그래서 거기서 돌에 맞아 죽게 됩니다. 스님 되기 전에 지은 업이 있었기 때문에 그런 죽음을 맞은 겁니다. 그는 그것을 다 수용합니다.

'운명'에 관한 같은 주제를 이야기하는 선불교의 이야기가 있습니다.

백장스님이 상단 법문을 하십니다. 머리 허연 노인이 법문을 듣고 가는데 하루는 안 가더랍니다. 백장스님이 그 노인을 주의 깊게 보십니다. 집회가 끝나고 대중이 나가자 백발 거사가 백장스님에게 와서 인사를 합니다.

"스님 제가 오래전에 이 절의 주지였습니다. 그런데 어느 처사가 와서 이런 질문을 했습니다. '깨달음을 얻으면 인과에 떨어집니까? 안 떨어집니까?' 그때 저는 대답했습니다. '아니 이 사람아, 깨달았는데 인과에 떨어질 것 같으면 왜 수행한단 말인가? 인과에 떨어지지 않는다(인과불락因果不落)'라고 했습니다. 그렇게 말한 업보로 제가 500생을 여우로 살게 되었습니다. 제가 사실 여우입니다. 지금 스님의 법문을 들어 좋기는 한데 방점이 안 찍힙니다. 누군가 같은 질문을 스님에게 묻는다면 스님은 무엇이라고 대답하겠습니까? 말씀을 해 주십시오."

그러자 백장스님이 답합니다.

"인과불매(因果不昧), 인과에 어둡지 않다는 말입니다. 어둡지 않다는 말이니 '불매(不昧)'라는 겁니다. 어두울 매, 매할 매."

'인과에 어둡지 않다' 하니 그 소리에 여우 거사가 무릎을 치면서 "이제야 제가 뭘 놓쳤는지 알겠습니다. 저는 이제 몸을 바꾸러 가겠습니다. 제가 죽으면 부디 저를 스님들의 예법에 따라 제사를 지내 주십시오."

그러자 백장 스님은 그리 하겠다고 약속합니다. 거사가 가고 나서 백장스님은 대중들에게 있었던 이야기를 해 줍니다. 그리고 거사가 말한 곳에 가보니 정말 여우가 죽어 있었습니다. 그래 천도시켜 주게 됩니다.

이 사건이 있고 나서 백장스님의 법회에서 제자인 황벽스님이 백장스님에게 질문합니다.

"스님, 여우 거사가 만일 당시에 '인과불락(因果不落)'이 아니라 '인과불매'를 깨쳤다면 어찌 되었겠습니까?"

백장스님이 말합니다.

"그것은 대중에게 공개적으로 이야기할 것이 아니니 가까이 와라. 너에게 만 말하리라."

스님이 다가옵니다. 그때 순간 제자인 황벽스님이 스승인 백장스님의 뺨을 칩니다. 그러자 백장스님이 "오랑캐 수염이 붉다더니. 네놈이 그놈이로구나" 하시고 상단에서 허허 웃으며 내려오시더라는 겁니다.[28]

여기서 핵심질문은 이것입니다.

첫째 질문: 인과불락(因果不落)과 인과불매(因果不昧)는 무슨 차이인가?

둘째 질문: 백장스님은 황벽스님의 싸대기를 맞았는데도 왜 웃으면 받아들였는가?

이 두 가지 질문을 강의 끝나는 날까지 잘 생각해 보십시오. 생각한 것을 말해 주시면 제가 업을 어떻게 알아차려 극복할 수 있는지 이야기하겠습니다. 이것을 알아차리면 우리 삶이 바뀝니다. 즉, 불이중도의 인식작용으로 우리의 뇌가 깨어난다는 것을 의미합니다.

라디오도 주파수가 바뀌면 다른 방송이 들리듯, 우리 뇌도 사고방식이 바뀌면 뇌 회로가 바뀌어 인식이 바뀌니, 운명이 바뀝니다. 그래서 이 시간이 중요한 것입니다. 저도 변하는 중이고 여러분도 변하는 중입니다.

---

28) 백장야호(百丈野狐); 무문관(無門關) 제2칙.

바뀌는 중이다!

CHANGE!

어떻게 변하나요? 붓다의 사고 인식 방식으로 바뀝니다. 붓다의 알아차림
으로 바뀐다는 뜻입니다. 이렇게 인지 방식이 바뀌는 것을 뇌과학에서는 뇌
가소성(brain plasticity, 뇌의 변화가능성)이라고 합니다.

20세기 후반까지만 해도 과학자들에게 뇌 가소성은 터무니없는 가설이었다. 심지
어 의식마저도 뇌 활동의 결과이며 뇌가 기능을 멈출 때 의식도 사라진다는 게 정
설로 여겨졌기 때문이다.

하지만 달라이 라마는 그 주장 역시 그저 가정일 뿐이라며 의문을 갖는다. 거꾸로
마음이 다시 뇌에 영향을 미쳐 물질적 변화를 일으키지 않겠느냐는 것이다.

이것은 경전의 가르침 역시 과학에 의해 오류 또는 명백한 과학적 진리에 위배된
다는 것이 발견된다면 비록 수천 년 동안 인정되어온 것이라고 할지라도 가르치
길 포기해야 한다는 달라이 라마 신념의 발로였다.

21세기에 들어와 과학은 뇌의 가소성에 대한 분명한 성과들을 거두며 달라이 라
마의 질문이 사실임을 증명하고 있다.

14대 달라이 라마와 뇌과학자와의 담론을 실은 『마음이 뇌에게 묻다』[29]에서 명상
을 통한 마음 집중이 사람의 뇌와 심리, 생리작용에 어떠한 변화를 줄 수 있는지를
다루고 있습니다.

---

29) 『마음이 뇌에게 묻다(Train Your Mind Change Your Brain)』 샤론 베글리, 이성동·김종옥 옮김, 북섬(2008)

삶의 후반기에 장애를 입을 경우에는 어떨까? 뇌졸중의 사례를 보면 장년의 뇌에서도 환경이 어떤 충격을 주면 그것을 받아들여 변화와 경험에 적응해간다는 사실을 알 수 있다. 뇌졸중은 환자의 3분의 1이 심각한 장애인이 된다고 알려져 있는데, 과학자들은 자동 강제유발 확대치료라는 치료법을 발견해냈다.

움직일 수 있는 팔다리를 고정시키고 기능을 상실한 팔다리만을 쓰도록 훈련함으로써 장애를 극복하게 하는 치료법이다. 이런 사례들은 학습을 통해서도 성인의 뇌가 자신을 재회로화할 수 있는 잠재력을 충분히 갖고 있음을 보여준다. 뇌는 불변적이지도 않고 정태적이지도 않으며 우리가 영위하는 삶에 의해 지속적으로 재형성되는 것이다.

하버드대학의 과학자들은 세계 유일의 완전 시각장애인 화가 에스 레프 아르마간이 어떻게 원근감 있는 그림을 그려낼 수 있는지를 연구했다. 점자 읽는 법조차 배우지 못한 아르마간의 뇌는 점자에 능숙한 여느 맹인들과 달랐다. 맹인들의 시각 피질이 감지하고 들을 때 활성화되는 것과 달리 아르마간은 마음에서 영상을 떠올리자 활성화되었다.

비장애인이 사물을 볼 때와 다름없을 정도였다. 기존의 도그마에 의하면 아르마간의 시각피질은 한 번도 눈의 신호를 받지 못했으니 아무 일도 하지 않아야 하는데 말이다.

난독증 어린이를 위한 프로그램 'Fast For Word'는 뇌의 변화가능성에 대한 실질적인 적용사례라고 할 수 있다. 이 프로그램은 한때 '터무니없는 짓'으로 학계의 비판을 받았지만, 프로그램에 의해 훈련받은 어린이들의 뇌 영상을 관찰함으로써 난독증이라는 뇌의 기능 장애를 초래한 원인을 찾고 프로그램을 통해 뇌의 기능이 변화됨을 확인하여 과학적이고 교육적인 성과를 올렸다.

과학자들은 우리가 스스로의 감각과 생각을 조용하고 분명하게 제3자의 입장에서 관찰하고 훈련함으로써 강박장애, 우울증에 대처할 수 있는 힘을 키울 수 있다고 한다. 이것의 주 훈련은 마음챙김 수행이다. 아주 심한 강박적 충동마저 뇌 회로의 결함에서 비롯된 것일 뿐 그 자체는 사실이 아니라는 것을 깨닫게 함으로써 임상적 치료 효과를 보는 치료법이다.

뇌에 대해 마음이 작동한다고 할 때 상상해 봄 직한 일이 실제 벌어지고 있는 셈이다. 높은 수준의 명상 수행자들은 몇 시간씩 연속으로 한 가지 대상에 집중할 수 있다. 또 복잡한 정신적 영상도 마음의 눈으로 명료하게 포착할 수 있다. 예를 들면 아주 정교한 탱화를 떠올린 후 우측 하단 구석에 있는 소용돌이 무늬라든가 왼쪽 중앙에 있는 새끼 원숭이까지 세세하게 볼 수 있다.

서구 과학에 따르면 이런 일은 생물학적으로 불가능하다. 과학 교과서에서는 인간의 뇌가 수초 이상 집중하기 어려우며 그 한계를 넘어가면 주의가 산만해져 집중 상태가 아지랑이처럼 흩어진다고 한다. 때문에 미묘한 마음의 이미지 속에서 수천 개의 미세한 영상을 명료하게 구분해낸다는 것은 보통의 뇌 능력을 넘어선다.

실제로 이렇게 비범한 능력을 발휘하는 전문가들이 현실 세계에 존재한다. 어떤 음악가는 한 교향곡에 대해 어느 악장에 있는 어느 소절이든 머릿속에 떠올릴 수 있으며, 또 어떤 엔지니어는 마음속으로 하나의 미세 회로에 연결된 수천 개의 연결 단자와 트랜지스터를 그려내기도 한다. 아마도 이들은 혹독한 정신 수행의 결과 이런 전문적 능력을 갖게 되었을 것이다. 다람살라의 산속에서 과학자들이 관심을 쏟은 것은 명상 형태의 마음 수행이 갖는 이러한 잠재력이었다.[30]

---

30) 말론산, 브롬산 이온, 세륨 이온을 묽은 황산 용액에서 반응시킬 때 특정 온도가 되면 분기현상(bifurcation)이 일어나고 복잡한 구조가 형성된다는 것이 드러난 것이다(포항공대신문, http://times.postech.ac.kr).

앤드류 뉴버그는 오랫동안 명상을 수행한 스님들을 모셔와 사진을 찍었어요. MRI 찍어 보셨죠? 그것보다 정밀한 기능성자기공명(fMRI)으로요. 혹시 찍어 보신 분 계신가요? 비싼 장비인데, 암에 걸린 환자들을 주로 찍는 장비입니다. 그런 장비로 뇌의 인지작용을 찍은 겁니다. 선정에 들어가면 뇌에 어떤 일이 일어나는지 스님들을 모셔다 찍었는데, 스님들뿐 아니라 수행력이 깊은 수녀, 명상이 깊은 힌두 요기, 사막 지역에서 수행하신 수피 등 지구촌 여러 수행자의 뇌를 스캔하였습니다.

그런데 묘하게 수행력이 높고, 깊이 들어간 분들은 똑같은 사진의 결과를 보인 겁니다. 서로 다른 전통의 수행자들에게서 같은 결과가 나왔던 것입니다. 전전두엽과 해마와의 관계가 같은 결과로 나온 것이죠.[31]

알아차림의 기능이 최고조가 될 때, 흥분된 상태로 고양되었다가 뇌에 어떤 일이 벌어집니다. 그것을 '브레이크아웃(break out)'이라 합니다.[32] 그것이 일어나면 뇌가 특이한 상태로 찍힙니다.

그 뇌의 활동 양상이 불교 선 수행자들, 티벳 수행자, 수녀들에게서 비슷하게 나타난 겁니다. 이것이 무엇을 의미하느냐 하면, 이 상태의 경험 후 불교 수행자들은 '무아(無我)'라 하고, 수녀들은 '성령이 임했다' 합니다. 이 연구 결과 '사람들은 각자 믿고 의지하는 바에 따라, 같은 경험을 자기 방식으로 다르게 해석한다'는 것을 알게 되었습니다.

여러분도 앤드류 뉴버그를 검색해 보세요. 유튜브에 잘 나옵니다. 디스커

---

31) 『born to believe』 By Andrew Newberg and Mark Robert Waldman.

32) 『break out principle』 How to Activate the Natural Trigger That Maximizes Creativity, Athletic Performance, Productivity, and Personal Well-Being Paperback - March 2, 2004 by M.D. Herbert Benson.

버리나 BBC Earth 등의 방송에 나옵니다. 이분들이 연구한 결과는 스캔사진입니다. 무엇을 믿느냐에 따라 표현하는 방식은 다르지만, 생리적인 뇌의 결과는 같다는 거죠.

'붓다에게 무슨 일이 일어났는가?'

하나의 주제를 가지고 몰입해 극점에 가면 사람이 정상적 상태에서 벗어나 미칠 지경이 됩니다. 이제 죽을 것 같다는 생각이 들게 되므로, 그것을 방어하는 작용이 일어납니다.

오래된 기억을 주관하는 것이 시상하부(hypothalamus)기저의 해마(Hippocampus)인데, 이것이 극대화된다는 겁니다. 화두를 들고 집중하면 그리됩니다. 그때 전전두엽 코텍스(cortex)와 해마의 상호작용으로 호르몬이 '분수처럼' 확 분출된다는 겁니다. 자기방어 시스템의 작동인 것이죠.

구체적으로 어떤 호르몬이 어떻게 분비되는지도 이분들은 이야기합니다. 예를 들어, 전신 마취를 했다가 깨어나면 상황이 기억이 안 나는 것처럼, 공간, 시간 감각이 상실된다는 것입니다. 수행을 통해서 순간적으로 그런 일이 벌어진다는 것이죠.

앤드류 뉴버그는 말합니다. "우리는 신을 사진 찍었다."

그 부분 챕터 제목이 '우리는 신을 사진 찍었다'입니다. 신을 믿는 자는 호르몬 분비 상황을 '신의 은혜'로 해석하는 겁니다. 우리 스님들은 '무아(無我) 체험'이라고 하죠. 그게 젊은이들에게 이해가 안 가니 젊은이들에게 이야기할 때는 컴퓨터에 비유합니다.

바이러스로 컴퓨터가 엉망이 되면 다시 포맷(format)해서 원래 상태로 만들어 다시 프로그램을 리셋(reset)합니다. 그처럼 인간 인식의 뇌가 새롭게 '포맺'된다고 말하는 겁니다. '리셋'이 되는 겁니다. 개념을 쌍으로 인식하던 이분법적[dual] 뇌 인식이 리셋되어, 불이법적(不二法的, None dual brain system)으로 인식하게 된다는 것입니다.

불이법적 인식은 주종의 관계로 무엇인가 먼저 있고(주, 主) 그것이 인(因)이 되어 어떤 결과가 나타나게 되는 그런 관계가 아니라는 것을 알아차리게 되는 것입니다. 책 쓴 저자가 있어서 책이 있는 그런 관계가 아니란 것이죠.

스스로 자기조직하는 것들이, 관계되어진 사건 속에서 현상이 일어나는 겁니다. 창조자가 있고 피조물이 있는 게 아니고요.

우리는 잘못된 방식으로 인식하고 있었던 겁니다.

그것을 알아차리면 무지에서 깨어나게 됩니다. 그런데 알아차리지 못하니, 우리는 무지의 파도에서 헤매는 것입니다.

지난 과거에 '지구는 둥글다'라고 말하는 지금의 과학자 같은 사람을 마녀사냥하였습니다. '지구가 둥글면 인간이 우리 발밑에도 있어야 한다는 건데, 그럼 인간이 파리냐?'라고 질문하면서 과학자들을 공개 처형했지요. 그러나, 지금은 초등학생도 지구가 둥글다는 것을 압니다. 그리고 지구를 벗어나 지구를 보는 과학적 안목까지 생겼습니다.

그런데 2600년 전에 불이론(不二論)에 입각하여 좌우의 뇌를 상보적으로 쓸 줄 아는 진화된 인간이 출현한 겁니다. 우리는 그 사람을 붓다라 부릅니다. 그는 이렇게 말합니다.

"나는 내가 붓다인 것을 아는 붓다이고, 너는 네가 붓다인 것을 모르는 붓다이다."

'우리는 이미 붓다야!' 그런데 우리는 우리가 붓다인 줄을 모르는 겁니다.

어리석은 중생이지만 수행의 힘으로 자기가 붓다임을 알면, 그는 붓다였음을 자각하게 되는 겁니다. 이것은 혁명적 사고입니다. 계급의 차별 의식이 없어진 겁니다. 나 스스로가 부처라는데요!

고정된 관념의 막(membrane of ideas)은 매우 강력합니다. 눈에 보이지 않는 인식의 막(membrane of cognition)이 우리를 가두는 겁니다. 그래서 모두가 부처이지만 스스로 부처인 줄 알지 못하는 것이라고 말한 것이죠.

토인비는 2차 대전 후 세계 최고의 역사적 사건이 불교가 서양에 전래된 것이라고 공언합니다. 동양의 고대 수행자 그룹에 뇌의 오퍼레이터 기능이 듀얼 시스템(dual system)으로 작동하는 것이 아닌 '논 듀얼 브레인 시스템(non-dual brain system)'으로 작동하는—좌, 우뇌를 상보적으로 운용하는, 뇌의 깨어남을 이룬 붓다가 있었던 것입니다.
여러분 모두 자기가 붓다임을 자각하십니까?

이제 우리는 전쟁을 멈추어야만 합니다. 자기 스스로 자신의 보존욕구(self conservation)로부터 비롯된 온갖 욕망의 파도를 타는 법을 깨우쳐야 합니다. 우리 인류는 1차, 2차 대전을 경험했죠. 3차 대전까지 가면 인간은 공멸합니다. 3차 대전을 막으려면, 먼저 자기 스트레스부터 해소하는 법을 알아야 합니다.
영어권에서 이것을 제일 먼저 사용한 이들이 스포츠 과학자들입니다. 그들은 인간이 정신력을 어떻게 오랫동안 유지하는가를 연구했죠. 스포츠맨들이 우승하면 상금을 크게 받지요. 성공한 스포츠 스타들의 공통점은 그들이 '마인드 컨트롤'을 했다는 겁니다. 그들이 연습한 마인드 컨트롤 방식은 '이미지 명상'입니다. '마인드풀니스(mindfulness)'를 기초로 한 '심상 명상수행

(virtual imagery meditation)'을 20~30년 동안 계속 훈련했다고 합니다.

허버트 벤슨[33] 박사가 그것을 일반화시켜, '이완반응-브레이크아웃(break out)' 방식으로 조사, 연구해 발표합니다. 이미지 명상 프로그램을 한 집단에게 8주 동안 교육하고, 교육을 받지 않은 집단과 비교해 보니 엄청난 차이를 보였다고 합니다. 개인의 집중력을 향상시킬 뿐 아니라 정신적 압박을 스스로 풀 수 있으며, 몸의 면역체계가 훨씬 높아진 것이죠.

그래서 지금 서양에서는 명상이 처방의 대상이 되었답니다. 어떤 질병에는 어떤 프로그램을 몇 주 하라고 처방한다는 겁니다. 한국은 아직 꿈도 못 꾸는 일이지만, 서양에서는 명상이 보편화되어 있습니다.

제가 노르웨이 하들랜드(Norway Hadeland folkehøgskole)에 있는 HFS학교에 초청되어 강의할 때, 한국노래 가사가 칠판에 쓰여 있어 매우 인상 깊었어요. 우리가 고등학교 시절에 기타 치면서 비틀즈의 팝송을 불렀듯이 그들은 BTS의 한국말 노래를 부릅니다. 거기 학생들이 우리 노래와 문화에 푹 빠져 있더라고요.

그래서 '케이팝(K-Pop) 가지고 교육이 되는가? 너희 교육의 목표가 무엇인가?'하고 물어보니 '교육 목표요? 컴 투게더(Come Together)입니다'라고 말하더군요. 그 말을 듣고 저는 생각했죠.

---

33) 허버트 벤슨 교수 Herbert Benson(메사추세츠 종합병원 & 하버드 의과대학병원) 1969년 하버드 의과 대학에서 교수로 재직하면서, 의약품과 수술에 대한 지나친 의존으로 무너져가는 의사 환자 간의 관계를 목격하고, 이를 해결할 방법으로 의약품, 치료와 함께 의학의 3요소인 셀프케어의 회복을 주창했다. 그가 주창하는 것이 바로 '이완반응'이다. 그가 발견하고 명명한 이 반응은 투쟁도피반응과 정반대로 심박수, 대사율, 호흡률을 감소시키는 신체변화를 유도함으로써, 인체를 건강한 균형 상태로 되돌린다. 더욱 놀라운 점은, 특별한 조치 없이 명상을 통해 누구나 '이완반응'을 유도할 수 있다는 것이다. 하버드 대학교에서는 그의 연구를 인정하여 심신의학연구소를 설립했으며 미국국립보건원 기술평가위원회에서는 "모든 형태의 만성 통증 치료법에 이완반응을 통합해야 한다"는 결론을 내렸다. 오늘날 미국인 중 3분의 1 이상이 어떤 식으로든 이완반응 촉발 기법을 규칙적으로 수행하고 있으며, 미국 의사 중 3분의 2가 심신요법을 권하고 있다. 『이완반응』, 『더 오래된 과학 믿음』, 『과학 명상법』, 『너의 마음을 생각하라』 등 심신의학과 셀프케어에 관한 10여 권의 책을 썼다.

'모두 다함께 같이? 그러면 우리 불교와 관련이 있지. 말 되네!'

'공유, 공생, 공존(sharing, symbiosis, co-existence)'을 말하는 겁니다. 그들은 개인주의가 강합니다. 그들 인구(532만 8212명 외국인 58만 4233명, 2019)를 다 합쳐 봐야 서울 인구 반도 안 됩니다. 그래서 그들의 교육은 같이, 함께하는 것이 중요합니다.

바이킹 아시죠? 그들은 바이킹의 후손입니다. 우연히 바이킹 문화 체험하는 곳에 가 봤는데, 바이킹 배를 가지고 노 저어 섬으로 가요. 처음에는 남자들이 노 젓는데 잘 안 가요. 갑자기 남자들이 노를 다 놓더니, 여자들로 바꾸었어요. 한 여자분이 용두에서 노래를 불러요. 여자분들이 모두 함께 노래를 부르면서 노를 저어 가는데 속력이 몇 배 빠른 거 있죠!

한국에 돌아와서, 너무 잔인한 영화 같아 안 봤던 〈바이킹〉이란 영화를 봤는데 그때, '아 이거였구나'라고 알아차렸습니다. 바이킹 배는 그리 크지 않아요. 노를 저어 가다가 어마어마한 파도가 밀려와 배가 파도 꼭대기까지 올라갔을 때 균형을 잃으면 배는 전복되고 맙니다.

그렇지만 그들은 한 달, 두 달 파도를 이겨 나가면서 추운 북해 바다를 건너가죠. 아메리카 대륙에 처음 도착한 이들이 바이킹이라고 합니다. 위기 상황에는 왕도 소용없어요. 다 같아요. 한 사람만 균형을 잃어도 배가 전복되니, 배 안에서는 누구나 동등합니다. 즉, 이퀄(equal)이죠.

노르웨이 젊은이가 이야기하더군요. "우리는 원 앤 원(One and One)입니다." 남녀를 구분하고 상하를 구분하면 안 된다는 말입니다. 누구나 대등하다는 것입니다. 그 정신이 바이킹 정신의 중심입니다. 한 사람만 실수해도 배가 균형을 잃으니까. 파도 꼭대기에 올라가서 균형을 잃으면 다 죽습니다. 그 역사적 과정을 거치며 문화로 발전해, 모든 것을 함께하는 문화가 된 겁니다. 스칸디나비아에는 이 정신이 지금까지 이어져 있는 겁니다.

절집에서 우리가 늘 암송하는 '법성게(法性偈)'에도 나옵니다.

다시 한번 생각해 보죠. 이 한 장의 종이가 여기 오기까지 얼마나 많은 요소가 있어야 여기 존재합니까? 구름, 비, 강, 바다, 들, 나무와 나아가 지구 태양계와 연결되고, 우주와 연결되어 있습니다.

'투게더(together)'는 '공존(coexistence)'입니다. 그것을 그들은 그들만의 역사 속에서 배운 겁니다.

그게 사는 길이었던 것이죠.

4) 알아차림과 지켜봄

질문 받겠습니다.

알아차림과 지켜봄이 같은 것인가요?

명상을 할 때 중요한 것이 알아차리는 기능이 멈추지 않아야 한다는 것입니다. 지속성을 가져야 명상이 깊어지고 효과가 있습니다. 지금 여러분이 제 말을 귀로 듣고 눈으로 저를 보듯이, 이 순간도 알아차림이 작동되죠.

그런데 제가 여기서 말을 하고 있어도 여러분이 다른 생각을 하면 저의 말에 동감하지 못합니다. 졸리게 되어 잠이 오고 코를 골 수도 있습니다.

그런 것처럼 지켜보는 순간 알아차림이 되고, 알아차린 만큼 지켜볼 수 있는 겁니다. 여러분은 지금 제가 무슨 말을 하는지 알아차리잖아요. 그런 것처럼 내가 보고 느끼는 대상이 어떻게 바뀌는지 지켜보아야 합니다. 그런데 산만하게 지켜보는 것보다 가만히 지켜보는 것이 더 확실하게 알아차릴 수 있잖아요.

예를 들면 낚시꾼의 경우 설령 라면을 먹는 순간에도 물 위의 찌를 놓치지 말고 봐야 한다고 합니다. 찌를 바라보는 눈이 중요합니다. 그렇게 대상을 안 놓치고 찌의 변화를 알아차려야, 찌가 움직이는 순간 바로 낚아챌 수 있는 거죠. 또 손맛과 감이 있어야 한답니다. 이것이 훌륭한 낚시꾼과 일반 낚시꾼을 구분짓는다고 합니다. 그렇게 알아차림이 생생하게 유지되어야 지켜볼 수 있고, 지켜볼 수 있는 만큼 알아차릴 수 있는 것입니다.

대상의 변화를 놓치지 말고 지켜볼 수 있어야 합니다.

유발 하라리 교수가 쓴 책 중 『사피엔스(Sapiens)』[34]의 첫 페이지에 '체인지(change)'라고 써 있어요. 불교 가르침의 핵심인 제행무상(諸行無常)을 단어 하나로 표현했습니다. 나도 바뀌고 대상도 바뀐다는 겁니다.

change!

그것을 알아차려야 합니다. 유발 하라리 교수는 역사의 흐름을 파악해 그렇게 쉬운 단어로 말하였지요. 제행무상과 제법무아를 한 단어로 응축해 말한 겁니다. 그런 것처럼 지켜볼 수 있는 만큼 알아차릴 수 있고, 매 순간의 변화를 알아차릴 때 지속적으로 지켜볼 수 있습니다. 이런 쌍운(雙運-서로 상호 작용)의 방식입니다. 지켜보고 알아차림의 관계가 상호작용의 방식으로 쌍운됩니다.

이것이 선·불교 명상수행의 핵심입니다.

본 연구는 대승불교의 논사인 세친의 『십지경론』을 분석, 그가 간략하게 언급한

---

34) 『사피엔스: 유인원에서 사이보그까지Sapiens: A Brief History of Humankind』는 유발 하라리의 저서, 7만년 전 일어난 인지혁명, 1만2000년 전의 농업혁명, 500년 전부터 시작된 과학혁명을 주제로 '사피엔스'를 서술한다. 후속작으로 신이 된 인간에 대해 저술한 『호모 데우스』가 있다.

지관(止觀)의 의미를 고찰한 것이다. 세친은 『십지경』을 주석하는 가운데 일곱 번째 원행지(遠行地)를 지관쌍운[止觀雙運 samatha-vipaśyanā-yuganaddha-vahin]의 단계로 주석한다. 세친이 지관쌍운을 7지에 특정하여 주석한 것은 7지 단계에서부터 지[止 śamatha]와 관[觀 vipaśyanā]이 함께 수행되는 곳이라는 의미이다. [35]

어린 시절 많이 하던 놀이 '무궁화 꽃이 피었습니다'를 아시죠? '무궁화 꽃이 피었습니다'라는 말이 끝나면 멈춰야 하듯, 지켜봄과 알아차림이 상보적으로 작동하면 삼매가 깊어져 '그대로 멈춰라'-지[止 śamatha]가 됩니다. 외부 작용이 지멸(止滅)되어, '불멍'한 것 같이 보일 수 있지만, 그 상태가 지켜봄과 알아차림이 극대화된 상태입니다.

외부 몸과 마음의 요동치는 작동이 멈추면서 정신은 활발하게 이루어집니다. 지켜봄과 알아차림이 너무 빨라 마음 작용이 거울처럼 됩니다. 그러면 모든 것을 비추어 볼 수 있겠죠.

35) 『십지경론』의 止觀 고찰, 이경희, 동아시아불교문화학회 동아시아불교문화 Vol.45 2021.03 pp.89-114.

3

중도와 공생, 공존의 생태환경

1) 자기조직하는 우주-동전의 양면성

오늘은 지난 강에서 거론했던 스스로 자기조직하는 존재들의 양태를 다시 세밀히 되짚어보며, 불교의 불이적 관점과 대비하여 논의를 전개할까 합니다.

환경과 고립된 상태에서는 엔트로피가 생성되지만, 환경과 더불어 에너지 물질을 교환하는 차원에서는 환경에서 에너지를 받아들이고 엔트로피를 환경으로 다시 내보냅니다. 에너지 유입과 유출이 균형을 이루면 평행상태가 됩니다. 그러나 인풋(input)과 아웃풋(output)의 균형이 깨지면 에너지는 요동칩니다. 그 요동이 심해져 정점에 다다르면 종래의 구조와 다른 새 구조가 됩니다. 이 구조과정을 일리야 프리고진은 '산일구조'라 불렀습니다.

산일구조(散逸構造, dissipative structure): 결정 등 평형상태에서 형성되는 평형구조에 대해 비평형상태에서 나타나는 거시적인 구조를 말한다. 평형구조의 경우와는 달리, 에너지의 열에 대한 산일과정이 동시에 일어나고 있다. 공간적 패턴과 시간적 리듬의 형성, 카오스로의 발전 등이 알려져 있다.[36]

36) [네이버 지식백과] 산일 구조(散逸構造, dissipative structure)/ 화학용어사전, 2011. 1. 15. 화학용어사전편찬회, 윤창주.

이것이 어떤 의미가 있을까요? 세포가 처음에 스스로 '자기생식(self reproduction)'을 하는데, 물질이 어떻게 스스로 자기조직 되는지 연구한 것이 프리고진의 '산일구조'입니다.

생명이 조건에 의해 자기 스스로 조직하는 것을 발견한 것은 1957년입니다. 그 전까지는 생명은 스스로 태어나는 것이 아니라고 알고 있었죠.

1953년 밀러라는 시카고대학 대학원생[37]이 실험을 하다가 실수를 해서 전류가 방전되었는데 다음날 가보니 아무것도 없어야 하는데 무언가 생긴 겁니다. 살아있는 것이 하나 만들어졌어요. 놀라서 '이게 뭐지' 하고 보니, 물, 수소, 산소가 반응해서 무엇인가 생긴 겁니다. 다시 실험해 보았는데, 또 만들어지는 것이죠.

이것이 엄청난 사건이었습니다. 지구란 환경 속에서 어떻게 생명체가 처음 만들어졌는지를 보여주는 겁니다. 이전까지 서구인들은 생명체는 신이 만드는 것으로 알았는데, 그게 아니란 거죠. 신이 만들었고 우리는 피조물이라고 알고 있었는데 말이죠. 아무것도 없는 곳에서 벼락이 치자 실험관 안에서 생명이 만들어진 겁니다. 천둥 번개 치니까 생명체가 만들어지는 이런 일이 지구 생태계 안에서 벌어질 수 있다는 것에 대해, 사람들이 눈을 뜬 것입니다.

그 후 생물학자들이 많은 실험을 해서, 미생물학, 분자생물학, 진화생물학 차원으로 지구 생명 역사를 재조망하게 되었습니다.

고타마 사카모니 붓다께서 생, 노, 병, 사를 깨우치고 행복의 길을 찾은 것은, 마치 양자도약[38]처럼 정신적, 인지 진화의 돌연변이적 혁명이라고 볼 수

---

37) 밀러와 유리의 실험(Miller-Urey experiment) 또는 밀러 실험(Miller experiment)은 초기 지구의 가상적인 환경을 실험실에서 만들어, 그 조건에서 화학진화가 일어나는지 여부를 알아보는 실험이다. 이 실험은 생명의 기원에 관한 고전적인 실험으로 여겨지며, 1953년 시카고 대학의 스탠리 밀러와 해럴드 클레이턴 유리가 처음으로 실행했다. http://ko.wikipedia.org/wiki/

38) 퀀텀 점프(quantum jump)는 20세기 초에 정립된 양자역학에서 사용하는 전이(轉移, transition)를 일반인에게

있습니다. 이제 지금의 불교는 그런 일이 어떻게 가능한지 과학적 접근을 해야 합니다. 부처님 가르침은 과학적 사고와 일치하는 부분이 많이 있습니다.

또 서구인들의 과학적 사고에 큰 영향을 주었죠. 물리, 천체, 생리 과학 서적을 살펴보면, 불교 이야기를 많이 합니다. 하나의 예로서 천체 물리학자 카를로 로벨리[39]의 베스트 셀러 『시간은 흐르지 않는다』에서도 불교적 가르침을 언급합니다.

왜? 14대 달라이 라마가 승려에게 과학 교육을 강조하는지 이해해야 합니다. 우리 승가에는 과학 교육이 없습니다. 그런데 이제라도 해야 합니다. 부처님은 과학자들 이상의 과학적 사고로 가르친 겁니다. 과학적이지 않으면 접근할 수 없습니다.

불교의 가르침을 신화적으로 만들면 안 됩니다. 지금까지 불교를 신화적 방식으로 설명했기 때문에, 현대 젊은이들이 거부감을 느끼고 반응하지 않은 것이 아닌가 고민해 봅니다.

서양인들이 진리를 추구하다가 한계에 처했을 때 참고한 것이 붓다의 가르침이었습니다. 사카모니 붓다의 사고방식으로 생각하고 접근하니 문제의 해결점이 보인 겁니다.

하나의 입자가 파동으로도 보이고 입자로도 보입니다. 입자 관점으로 보

쉽게 설명할 때 사용하는 말이다. 양자 점프 또는 양자 도약(quantum leap)이라고 하기도 한다. 전이는 계단처럼 불연속적인 에너지 상태가 바뀌는 현상이다. 양자역학적 전이는 짧은 시간 동안 갑작스럽게 일어난다. 원자나 분자에서 일어나는 전이는 1조 분의 1초를 뜻하는 피코(pico)초보다 짧은 시간에 일어난다. [출체 [이덕환의 과학세상] 퀀텀점프와 양자도약.

39) 카를로 로벨리(Carlo Rovelli)는 이탈리아, 미국, 그리고 2000년부터 프랑스에서 일한 이탈리아의 이론 물리학자이자 작가이다. 양자 중력 분야에서 연구하고 있으며 루프 양자 중력 이론의 창시자이다.

면 입자가 되고, 파동의 관점에서 보면 파동이 됩니다.

그럼 무엇이 진실인가?

이런 문제가 '불이법(non-dual theory)'에서 설명되죠. 동전의 양면성처럼, 존재하는 모든 것은 '이것이 있음으로 저것이 있는' 관계되어 일어난 사건입니다. 그러니 이쪽 측면이 있고 저쪽 측면이 있는 거죠. 어떻게 2600년 전에 이런 세계관, 우주관을 가지고 현대철학과 과학에서 '과정구조(process structure)'라고 보는, 구조의 속성을 설파했는지 신기하기만 합니다.

세포 차원뿐 아니라 일반 물리적 차원에서도 '자기조직'이 나타납니다. 물을 서서히 데우면 처음에는 열역학적 평형상태에 있던 액체분자들에 변화가 생깁니다. 부글부글 끓으면 요동이 일어나고 어느 시점에 이르면 넘칠 정도의 흐름이 생깁니다. 대류가 생기면서 흘러갑니다. 바닷물이 흐르듯이 말이죠.

분자가 이동하므로 열이 움직입니다. 시스템 전체가 대류로 바뀝니다. 열에 대처하기 위해 새로운 형태가 됩니다. 약속이나 한 것처럼 같은 행동을 합니다. 과거 질서가 무너지고 새 질서가 나타나는 것입니다. 이것을 '산일구조'라 이름합니다.

'산일구조(dissipative structure)' 이론은 실험을 통해 분명해졌습니다. 벌집 같은 구조가 육각형으로 만들어지죠. 분자구조의 모습이 그렇게 사진 찍힌 겁니다. 물체가 스스로 그런 모양을 만드는 게 신기한 거죠. 물질은 왜 그렇게 되는가?

확률적으로 보더라도 수십억이 훌쩍 넘는 개수의 무질서한 입자들이 어느 한순간에 단합해 질서를 만들어내는 것은 거의 불가능에 가깝다. 그렇다면 이런 일은 일어나지 않는다고 봐도 무방하다. 하지만 전체 중에 몇 개의 입자가 우연히 질서를 만들어내는 상황은 충분히 그럴 듯하다. 그 규모가 아주 작을지 모르지만, 무질서 속에서 어떤 새로운 질서를 확립할 가능성을 '동요(섭동: Perturbation)'라고 한다.

프리고진 이전 과학계에서는 이런 아주 작은 규모의 새로운 질서 확립은 줄곧 무시당해 왔다. 확률적으로 봐도 발생한 국지적인 새 질서는 곧 무질서 속으로 사라진다. 프리고진에 의하면 실제로는 상당히 다른 현상이 발생한다. 아주 작은 질서가 생겨났다고 보자. 이 새로운 질서는 아주 작지만 주변의 몇 입자에는 영향을 미칠 수 있다. 영향을 받은 조금의 입자는 곧이어 자신의 주변 입자에 영향을 미치기 시작한다. 이러한 연쇄작용으로 발생한 질서는 순차적으로 전체에 영향을 줄 것이다.

프리고진과 여러 과학자의 연구에서는, 우주가 왜 그렇게 되는가에 대해 평형이 깨지면 그렇게 된다고 이야기합니다. 평형이 유지되면 안 변합니다.

사람 중에 안 변하는 사람이 있죠. 안 변하는 사람을 변하게 하려면 어떻게 해야 하죠? 끓이면 됩니다(정신적 압력을 극대화하는 것).

끓이면 평형이 깨져 새롭게 구조가 나타나는 겁니다. 우주적 차원의 이론입니다.

이것을 다룬 서적이 에리히 얀치의 『자기조직하는 우주(the self-organization universe)』[40]입니다. 이것은 새로운 물질의 패러다임의 비전입니다. 사회조직구조에도 적용됩니다. 그것이 오늘날의 의식 구조를 바꾸었죠.

---

40) 『자기조직하는 우주』, 에리히 얀치, 홍동선 옮김, 범양사. 산일구조라는 말 그 자체의 뜻은 '무너져 흩어지는 구조'라는 의미이다. 과학적으로 매우 복잡하고 심오한 의미여서 쉽게 이해하기 어렵다. 작은 범위에서의 파괴적 에너지가 요동쳐서 큰 범위에서는 오히려 질서를 형성한다는 원리라고 한다.

2) 공생하는 지구 생태계

제가 언젠가 에콰도르(Ecuador) 키토(Quito)에서 열린 워크숍을 끝내고 갈라파고스에 가보니 다윈 동상이 있었습니다. 다윈이 거기에서 '종의 기원'의 골격을 세웠다 해서 그의 동상을 세웠다는데, 다윈의 자연선택 이론이 인간의 역사 속에서 어떤 작용을 했나요?

물론 다윈이 그렇게 주장한 것은 아닙니다만, 그의 발견을 적자생존의 철학자 하버트 스펜서가 악용했습니다. 영국이 산업혁명으로 발전할 때 노동자들을 착취했는데, 그럴 수 있는 당위성으로 바로 다윈의 진화론을 이용해 산업가들이 노동 착취에 악용하였습니다.

진화론이 사회적 착취에 당위성을 부여한 것입니다. 다윈의 진화론이 정치, 경제, 문화에 영향을 주면서 가진 자와 못 가진 자의 구조적 대립을 정당화시킵니다.

현대에 들어 그것에 반기를 드는 문화적 담론이 나타납니다. 그 시작의 단초가 '산일구조'입니다. 그 역학적 시스템을 주장한 과학자들이 프리고진, 얀치, 카프라, G.F.츄, 진화생물학자 린 마굴리스와 함께하는 과학자들의 그룹입니다. 이들이 사람들의 생각을 전환시킨 것입니다. 아직 다윈의 사고방식을 학교에서 배운 사람들이 정치를 하고 있지만, 이제 앞으로는 달라질 것입니다. 이제 세상은 강자들의 세상이 아닙니다.

최근 관련 서적을 탐독해보니 관점이 바뀌었음을 느꼈습니다. 지구 생태는 강자가 지배한다는 생각은 과거의 유산이 되었습니다. 새로운 담론이 형성되었죠. 그 시작이 '자기조직화'의 패러다임입니다. 모든 개체가 자기조직의 비평형상태로 가면서 약속이나 한 것처럼 '산일구조'로 진화되어 간다는 새로운 담론으로, 생태계에 대한 공생의 담론으로 진화되어 갑니다.

세포 자체도 자기조직체계(the self organization system)가 있고, 그렇게 해서 만들어진 핵이 있습니다. 핵을 가지며 막이 형성되고, 자기복제(self clone), 자기갱생/자기생산(autopoiesis, 비평형 구조들의 역동성)합니다. 그런데 세포가 세포막을 뛰어넘어서 다른 세포와 연합하는 것 즉, 자기초월(self-transcendence, 자기 존재의 경계를 뛰어 넘는)이 이루어집니다.

시금치 데우면 나오는 엽록체가 있습니다. 그리고 '미토콘드리아'[41]라고 하는 세포가 있습니다. 이것은 전혀 다른 것들인데 이 둘이 공생을 이룹니다(내부공생(endosymbiosis). '공생(symbiosis)'은 생태적으로 엄청나게 중요한 개념으로서 진화의 도약현상을 설명하는 데 유용하다).

최근 사례를 보면, 녹색조류에서 육상식물로 진화한 것은 곰팡이의 한 종의 게놈(genome, 유전 물질)이 일부 녹조류 조상들과 합병한 결과라고 합니다. 세포가 막을 뛰어넘어 저쪽 세포와 무엇인가 공유하고, 그렇게 공생하며 살게 되었다는 겁니다. 공유하며 진화해, 바다에만 머물던 것이 바다 밖으로

---

41) 『미토콘드리아』 닉 레인, 김정은 옮김, 뿌리와이파리, 2009.

나왔고, 점점 발전해서 다세포 생물로 진화해 갑니다. 세포들의 자기보존 욕구(self desire-conservation)와 자기초월욕구(self desire-transcendence)의 이중성 (dualism)입니다.

이런 지의류가 공생의 산물이라는 이론은 잘 알려져 있었습니다.

모든 지의류는 '시아노박테리아(Cyanobacteria)'[42]와 공생하는 곰팡이거나 녹 조류와 공생하는 곰팡이입니다. 생물학자의 연구에 의하면, 우리의 조상이 곰팡이라는 것입니다. 우리는 곰팡이를 싫어하지만, 이 곰팡이가 있어서 인류가 있게 된 것입니다.

이들 생물학자들은 곰팡이가 언제부터 여기 살았는지 추적합니다. 곰팡이는 생명력이 엄청난데, 우리 안에 그게 있는 겁니다. 지의류는 '시아노박테리아'와 공생하는 곰팡이이거나 녹조류와 공생하는 곰팡이인데, 하나는 광합성이 되고 또 하나는 광합성의 산물을 소비합니다.

이것이 합쳐져 녹색 식물로 다시 탄생했는데, 그것이 지의류라는 것입니다. 바닷가 단단한 바위 표면에 있는 이끼들을 말합니다.

"곰팡이와 광합성 식물, 두 생명의 공생관계 때문이다." 모든 식물은 지의류, 이끼로부터 진화했다는 것입니다. 그것이 없었다면 나무로 발전하지 못했을 것입니다. 나무의 근원이 지의류라는 거죠. 인류의 뿌리는 열매 따 먹고 살았습니다. 이런 풀들이 있으니 초식 동물이 있었고 그것을 사냥해 먹고 생존한 거죠.

그래서 곰팡이에서 진화했다는 설정입니다.

---

42) 시아노 박테리아(Cyanobacteria, 남세균)은 엽록소를 가지고 있어 짙은 청록색을 띠고 있으며 세균 중 유일하게 산소를 생산하는 광합성 세균이다. 과거에는 녹색식물로 간주했지만 원핵생물의 특징을 가지고 있는 독립된 세균이다. 남조류(blue-green algae)라고도 부른다. 출처: 에코타임스(http://www.ecotiger.co.kr).

두 생물 종이 새로운 협력 관계를 만들어 발전한 겁니다. 정말 그랬다면 곰 팡이와 원생생물 녹조류가 공동으로 세계 모든 나무를 대표하는 식물계라 는 것이 탄생하는 진화적 결과를 이끌어냅니다. 생물학적 결론으로 바닷가 이끼들 때문에 지구촌의 모든 것이 나타났다는 것이죠.

30여 년 전 이미 한국의 전광우 박사가 15억 년 전 '무핵 박테리아'에서 '유 핵세포'로 진화하는 과정에서 필요하다고 생각되는 역동성을 연구하여 보여 주었습니다. 그는 진화에서는 '경쟁과 협동에 뚜렷한 경계가 없음'을 확인했 습니다. 미생물 우주에서는 손님과 포로가 같은 존재였으나, 생존을 위해 손 잡고 갈 수 있는 존재가 된다는 것을 발견한 것입니다.[43]

아메바를 실험했는데, 질병이 퍼지게 되자 아메바들이 스스로를 구슬처럼 말아서 자기보존을 하는 것을 보고 논문으로 발표한 것입니다. 생물학에서 한 획을 긋는 역할을 한 분이 바로 한국 분이었습니다.

그래서 진화에서 공생은 규칙이라고 봅니다. 생물체는 여러 생물이 모여 형성되는 총 합체이기에 지구촌 생태계는 단일 종 생물이 홀로 하는 것이 아 니란 말입니다.

현존하는 모든 생물이 공생의 과정을 통해서 진화했다는 이론을 강력히 뒷받침한 다. 공생은 두 생물체가 합쳐져 세포와 생물 몸체를 영원히 공유하면서 서로 이익 을 얻는 메커니즘이다(34쪽).

거대 생물우주(macro-biological cosmos)의 생물은 그들 서로뿐만 아니라 미생물우주

---

43) 『마이크로 코스모스』 린 마굴리스, 도리언 세이건 홍욱희 옮김, e-book, 김영사, p.126.

와도 상호작용하고 또 그들에 의존해서 생활한다. 어떤 식물 집단(콩, 완두콩, 클로버, 살갈퀴 등을 포함한 콩과식물)은 자신의 뿌리에 질소 고정 박테리아를 갖지 않으면 질소가 부족한 토양에서 생존할 수 없으며, 우리는 그런 식물들에서 얻는 질소 없이는 생활이 불가능하다. 소와 흰개미는 내장 속의 미생물군에 의해 풀과 나무의 셀룰로스를 소화할 수 있다.

아메바에게 잡아먹혔던 박테리아가 시간이 지남에 따라 그들과 결합해서 혼성 합체(hybrid)의 새로운 종으로 바뀐 예가 실험실에서 관찰되기도 했다(35쪽).

이론적인 계산이나 실험 결과, 둘 또는 그 이상의 자가 촉매 사이클이 상호작용을 하면 '하이퍼사이클(hypercycle)'이라는 더욱 강력한 촉매작용이 유발될 수 있다는 사실이 알려졌다.

어떤 과학자들은 그런 화학물질들이 물속에서 서로 원소들을 차지하려고 경쟁한 나머지 결국 그 존재를 스스로 한정짓게 되었다는 이론을 펴기도 한다. 그러나 하이퍼사이클의 기본 개념은 그 반대이다.

분자들이 화학적 보전(chemical survival)을 위한 투쟁에서 서로를 파괴하는 것이 아니라 자가 조직할 수 있는 화합물들이 서로 보완 작용하여 마치 생명체 같은, 궁극적으로 복제 가능한 구조를 형성할 수 있었던 것이다.

이런 사이클의 진행은 최초의 세포를 탄생시키는 기초가 되었을 뿐 아니라 그 뒤를 이어서 단세포에서 다세포로 발전하는 기반을 만들었다. 하이퍼사이클 과정은 생물에게도 매우 중요하다. 이는 생물로 하여금 극심한 주위 환경의 변화에도 불구하고 과거의 주요 원소를 체내에 보전할 수 있게 했다(53쪽).

분자가 점점 더 독립적이고 치밀해질수록 그 구조 역시 점점 더 길어지고 복잡해졌으며 자신의 활동을 스스로 보강할 수 있는 능력도 증진되었다. 어떤 분자는 물방울 속에 자리를 잡기도 하고 또 어떤 분자들은 진흙이나 결정체의 표면에 달라붙기도 했다.

태고대 기간 동안 사슬 모양의 긴 탄화 수소류 화합물들(hydrocarbon chains)을 대상으로 한 자연의 실험은, 아주 작은 물방울 주위를 둘러싸서 그것을 주변의 물속 환경으로부터 격리시키지만, 동시에 다른 화학 물질들은 통과시킬 수 있는, 마치 울타리 같은 역할을 하는 화합물을 탄생시켰다.

이를 반투과성막이라고 하는데 어떤 물질은 그것을 통과할 수 있지만, 다른 물질들은 통과할 수 없다. 막 구조는 여러 화합물이 결합하여 형성되었는데도 구조적으로는 단순하다. 그럼에도 이 막 구조야말로 생명 탄생에 아주 긴요했던 존재였음이 분명하다.

지구에서 일상적으로 관찰 가능한 환경과 비슷하게 온도, 산도, 그리고 건습의 반복을 통제한 실험실 조건에서 그런 막 구조물이 자발적으로 형성되었다(54쪽).

이런 종류의 리피드(lipids, 지질)는 임의로 비눗방울 모양의 형태를 이루어 방울 내부의 물질을 외부의 물과 격리한다.

광합성이 시작된 얼마 후 원시 지구의 산소가 결핍된 대기 중에서 일종의 남조류 박테리아가 영원히 수소 위기를 해결할 수 있는 길을 열었다. 이들이 바로 현대의 시아노박테리아(cyanobacteria) 선조들이었다.

우리가 아는 한, 이 우주에서 한 번도 일어나지 않은 진화의 대혁명이 바로 이것이다. 마법사인 남조류 박테리아는 태양빛을 이용해서 지구에서 가장 풍부한 자원인 물에서 수소를 추출하는 방법을 터득한 것이다.

이 새로운 이중 광발전시스템(dual light-powered system)은 더 많은 ATP를 생산할 수 있게 했을 뿐만 아니라 거의 무진장한 수소 공급원을 이용할 수 있게 했다.

이런 시스템으로 인해서 초기의 남조류 박테리아는 극적인 성공을 거두었다. 이

박테리아는 태양빛, 이산화탄소, 물 이 세 요소가 확보될 수 있는 장소라면 어느 곳에든 퍼져서 결국 온 지표면을 뒤덮게 되었다(104쪽).

전광우 박사에 의해 일어났다. 31년 전 박사가 밝혀낸 공생의 모험은 현재 우리가 약 15억 년 전 무핵 박테리아에서 유핵세포로 급격히 진화하던 과정에서 꼭 필요했다고 생각되는 역동성을 여실히 보여주었다.

전광우 교수는 수년간 아메바를 배양해서 실험에 사용했다. 그는 새로운 아메바 종류를 얻으면 그것을 배양접시에 담아 세계 각처에서 모은 아메바들이 담긴 접시 옆에 두었다. 그런데 어느 날 그는 아메바들에게 심각한 질병이 퍼지는 것을 관찰했다. 건강하던 아메바들이 형태가 둥글어지면서 구슬 모양으로 변했다. 그들은 먹이를 섭취하지도 않고 분열하지도 않았다. 그런 현상은 한 배양접시에서 다른 배양접시로 계속 퍼져나갔다. 극히 일부 아메바들은 성장을 계속하면서 분열할 수 있었지만 분열 속도는 이틀에 한 번에서 한 달에 한 번씩으로 크게 늦어졌다(126쪽).

만약 다윈이 자신의 아이디어가 어떻게 잘못 사용되고 있는지를 알았더라면 분명히 크게 놀랐을 것이다. 그는 스펜서가 제창한 '적자생존' 용어를 큰 근육, 약탈적 관습, 십장의 채찍 등의 의미로 사용하지 않고, 더 많은 자손을 남긴다는 뜻으로 사용했다. 진화학에서 적응은 '다산'의 의미이다(129쪽).

공생이 생물 역사에서 그렇게 보편적이며 중요한 것이었다면 우리는 생물학을 처음부터 다시 생각해 볼 필요가 있다. 지구상에서 생물의 생활은 어떤 한 생물체가 다른 생물체를 압도해서 승리를 얻는다거나 하는 그런 운동시합 같은 것이 아니다. 그것은 논제로-섬 게임(nonzero-sum game)으로 알려져 있는 게임 이론의 수학적 영역이라 할 수 있다. 제로섬 게임은 탁구나 장기 같은 것으로, 한쪽 편이 다른 한쪽 편의 희생으로 점수를 얻는다.

호미니드는 오늘날의 우리가 된 호모나, 호모로 진화했거나 멸망한 오스트랄로피테신을 막론하고 두 가지 공통점을 지닌다. 즉 그들은 모두 열대성이며 또 아프리카가 고향이다(232쪽).

채집 수렵인으로서의 인류는 진화 역사상 비교적 최근(지금으로부터 10만 년 전 이후)에 출현했지만, 그전에 나타났던 과도기의 인류 종은 아프리카 오스트랄로피테쿠스와의 연관성을 보여준다. 우리는 분명히 '루시'와 같은 어머니의 자손일 것이다.

루시는 북아프리카에서 출토된 원인화석의 잔존물에 붙여진 이름으로, 그 생존 연대는 약 300만 년 전으로 추정한다. 그 화석이 발견될 당시 발굴 현장에 있는 라디오에서 비틀즈의 노래 〈다이아몬드 가득한 하늘의 루시(Lucy in the Sky with Diamonds)〉가 울려 퍼지고 있어서 발굴자들이 루시라고 이름 붙였다(233쪽).

캘리포니아 대학 버클리 분교의 앨런 윌슨 같은 생물학자들은 이러한 기술을 사용해서 아프리카 침팬지 계통이 인류와 갈라진 것은 약 400만 년 전이었다고 결론지었다. 과거에는 그 연대를 약 1500만~2000만 년 전으로 추정했었다.

원시 인류의 조상은 약 700만~200만 년 전인 플라이오세에 생존했다가 이후 플라이스토세에 이르러 인류로 진화했다. 유명한 빙하시대가 바로 이 시기이다(234쪽).

빙하기 사이의 온난한 기간(간빙기)은 군츠/민델, 민델/리스, 리스/부름이라 부른다. 최후의 빙하기는 약 18000년 전에 최전성기에 이르렀던 것으로 추정한다. 현대의 우리는 아직도 이 전세계적인 마지막 빙하기에서 벗어나는 중이다.

원시 인류가 생활하던 장소 중에서 가장 인상적인 지역은 동아프리카의 뜨거운 태양이 내리쬐는 올두바이 협곡이다. 약 200만 년 전(플라이스토세의 시작 시기부터 가장 최근의 빙하기 직전까지) 이래 이 열대 지역은 인류가 가장 선호했던 부동산이다. 오늘날 탄자니아의 올두바이 지방 대협곡에서는 화석 잔유물이 지금도 계속 발굴되고 있다(235쪽).

우리 세포 속의 미토콘드리아로 발전할 수 있었던 원시 박테리아는 분명 처음에는 다른 세포들에 침입하여 그 세포를 죽이는 잔인한 종류였을 것이다. 그러나 그런 파괴적인 전술은 장기적으로는 도움이 될 수 없었다. 오늘날의 우리는 미토콘드리아에게 생존 장소를 제공하는 대신 에너지를 제공받는 평화적 공존의 살아있는 예이다.

파괴적인 생물 종들은 역사 속에 자주 나타났다가 사라지곤 하지만, 협력관계 그 자체는 시간이 지나면서 증가한다(269쪽).

어찌 보면 인간은 지구에서 발생한 생물체를 우주에 전파하는 역할을 한다고 볼 수 있습니다. 미토콘드리아가 동식물의 세포 내부에 자리 잡으면서 산소를 사용하여 숙주 세포가 육상으로 진출하는 것을 도운 것에 비유할 수 있는 것입니다.

우리는 세포에서 열을 발생시키지 않으면 생존할 수 없습니다. 인체에 열이 나게 하는 것이 미토콘드리아라는 발전소입니다. 세포 안에 미토콘드리아라는 세포가 또 있는 겁니다.

예를 들어 우리 할아버지가 돌아가셨다 해도 할아버지 안의 미토콘드리아는 죽지 않습니다. 그것을 지렁이가 먹는다면 미토콘드리아는 지렁이 세포 안으로 들어갑니다. 그러면 사람이 죽은 겁니까 안 죽은 겁니까?

이제 우리는 생각을 바꾸어야 합니다. 미토콘드리아가 바닷속에 있다가 숙주 물고기를 진화시킵니다. 물고기 중에 뛰어다니는 망둥어라는 놈이 있죠. 그놈이 물 밖에서 뜁니다.

그렇게 진화한 거죠. 그래서 결국 지느러미가 발이 되면서 기어 다니게 됩니다. 뭘 봐야 하니 앞에 눈이 나오고, 코가 나오고 입이 만들어진 포유류가 생긴 겁니다.

우리 인간도 포유류 중의 하나죠.

지의류 곰팡이는 우리보다 역사가 오래된 종입니다. 이들은 인간이 있기 전에 있었습니다. 인간의 관점 위주로 봐선 안 됩니다. 생로병사 문제도 다른 각도로 봐야 합니다.

오늘날 사카무니 붓다가 태어났다면 뛰어난 과학자가 되었을 겁니다. 그리고 정신적 지도자로 성장했을 것입니다. 그 시대 그때의 문화적 코드로 법을 설한 거죠.

그런 부분을 보면 이 과학자들은 대체적으로 부디스트(buddhist)입니다. 모두 명상을 합니다. 그런 방향으로 가고 있습니다. 이런 부분을 정밀하게 논해야 합니다.

바다의 이끼가 우리의 조상입니다. 우리 뿌리인 것이죠. 모든 생명체는 바다에서 나왔고, 물에서 나왔죠. 어떻게 나왔나? 번개가 친 후 바닷물에 무엇인가 생명체가 생겼다고 합니다.

진화에서 공생은 규칙이다. 또한 생물체는 언제든지 여러 종의 생물이 모여 형성되는 총합체이므로 미래의 우주여행은 어떤 단일종 생물이 혼자서 결행하는 것이 아니다. 인간은 지구에서 발전된 생물군을 우주 속으로 전파하는 주 역할을 담당할 수 있는 존재로서는 적격인 듯 보인다.

인간의 역할은 미토콘드리아가 동·식물의 세포 내부에 자리 잡고 산소를 사용함으로써 숙주세포가 육상으로 진출하는 것을 도왔던 것에 비유할 수 있다.

—린 마굴리스, 도리언 세이건, 『마이크로 코스모스』

공진화 지구 생태계를 살펴보는 입장에서 중시해야 할 것은 관점의 전환입니다. '책 쓴 사람이 있어서 책이 있다'는 관점을 폐기해야 합니다. 지구생태계는 제작자가 있어서 만들어진 게 아니고, 세상의 생명도 창조자가 있어서 만들어진 것이 아니라는 관점입니다.

생명은 우연히 몇 가지 요소가 갖추어져, 관계되어진 것들이 드러난 사건이라는 것입니다. 실험을 반복해도 같은 결과가 나온답니다. 이 시점에서 과학자들의 담론으로 문화계가 바뀌고, 교육계가 바뀝니다.

서양에서는 선생님들이 학생들을 윽박지르면 난리가 납니다. 거기는 '일대일'입니다. 같은 수평관계이지 종속관계가 아닙니다.

더 나아가 생각할 수 있는 것은, 미토콘드리아가 우리 자신의 번식에 기여하듯이 우리도 기계의 번식에 필요한 존재가 되었다는 것입니다. 경제적 압력은 기계의 기능을 개선시키는데, 그래서 최소한의 인간 도움으로 기계가 기계를 생산하게 된다면 희망적 미래를 장담하지 못할 것이라 추측합니다.

컴퓨터 설계가인 요한 폰 노이만[44]은 충분히 정교한 기계라면 인간의 도움

----

44) 폰노이만(1903~1957):오스트리아-헝가리 부다페스트 출신의 미국의 수학자, 물리학자, 화학자, 컴퓨터과학자, 경제학자 폰 노이만은 경제학, 양자역학, 함수 해석학, 집합론, 위상수학, 컴퓨터과학, 기하학, 수치해석, 통계학 등 다양한 학문 분야에 걸쳐 업적을 남겼으며 연산자 이론을 양자 역학에 접목시킨 최초의 선구자 중 하나였다. 컴퓨터와 뇌(The Computer and the Brain)는 사망 직전 병원에서 집필되었는데 집필 도중 그가 사망하면서 미완성의 원고로

없이도 번식할 수 있다고 했습니다.

이게 무슨 말인지 아시겠습니까?

모든 것이 자기조직을 가진다 했죠. 그렇다면 기계도 자기조직을 합니다.

기계가 자기끼리 모여서 자동차, 로봇을 만들게 된다는 겁니다. 내가 만들라고 하지도 않았는데 말입니다. '알파고'는 지들끼리 게임해서 힘을 키우더니 사람들을 다 이겼어요. 이세돌이라는 한국 사람한테 한번 진 것 빼고는 백전백승입니다. 기계는 지금도 협업을 합니다. 작은 기계와 큰 기계가 협업합니다. 체육관 만한 크기의 건물에 캐비닛 같은 컴퓨터 CPU기계가 가득 차 있는 것을 상상해 보십시오. 그게 엄마 컴퓨터입니다. 그것과 내가 가진 작은 컴퓨터가 연결되어 있어서 내가 여기서 무엇을 하면 메인 컴퓨터도 다 알아요. 공유합니다.

이게 생명이 하는 일이라는 말입니다. '공생(symbiosis)'한다는 것은 공유함으로 시작되는데 내가 여기서 무언가 알게 된다면 그것을 나만 아는 것이 아니고 메인 컴퓨터가 알게 된다는 것을 의미합니다. 그러는 것이 살아남기에 유리한 것입니다.

그런데 그런 일을 지구 전체가 하고 있다는 것이 '가이아 이론'입니다. 지구 자체가 스스로 살아있는 생명체인 것처럼 작동한다는 것입니다. 그 가설이 거의 정설로 인식됩니다. 그런데 문제는 기계도 그리 할 거라는 겁니다.

앞으로 30년 전후(『the singularity is near』 p.355)로 엄청난 진화가 이루어지면서 기계의 진화도 이루어진다는 겁니다. 기계가 진화의 주역으로 등장할 거

남게 되었고 훗날 책 형태로 출판되었다.

라는 겁니다.

　다음 내용은 앞에서 거론하였던 내부공생을 발견한 한국의 전광우 박사의 내용을 보다 자세히 기술한 린 마굴리스의 집필입니다.

　전광우 박사에 의해 일어났다. 31년 전 박사가 밝혀낸 공생의 모험은 현재 우리가 약 15억 년 전 무핵박테리아에서, 유핵세포로 급격히 진화하던 과정에서 꼭 필요했다고 생각되는 역동성을 여실히 보여주었다.

그의 발견은 생물이 함께 생활하면서 생존하기 위해서는 그 사이에 어떤 종류의 협력이 불가피했다는 사실을 강력하게 시사한다. 또한 진화에서는 경쟁과 협동 사이에 뚜렷한 경계가 없음을 증명했다. 미생물우주에서는 손님과 포로가 같은 존재였으며 아무리 적대적인 상대방이라도 생존을 위해서는 오히려 서로에게 꼭 필요한 존재가 될 수도 있었다.

전광우 교수는 수년간 아메바를 배양해서 실험에 사용했다. 그는 새로운 아메바 종류를 얻으면 그것을 배양접시에 담아 세계 각처에서 모은 아메바들이 담긴 접시 옆에 두었다. 그런데 어느 날 그는 아메바들에게 심각한 질병이 퍼지는 것을 관찰했다. 건강하던 아메바들이 형태가 둥글어지면서 구슬 모양으로 변했다. 그들은 먹이를 섭취하지도 않고 분열하지도 않았다. 그런 현상은 한 배양접시에서 다른 배양접시로 계속 퍼져나갔다. 극히 일부 아메바들은 성장을 계속하면서 분열할 수 있었지만 분열 속도는 이틀에 한 번에서 한 달에 한 번씩으로 크게 늦어졌다.

'박테리아를 지닌' 아메바들은 매우 연약했고, 고온과 저온, 먹이 결핍 등의 환경 변화에 너무 민감했다. 그런데 이 박테리아를 지닌 아메바들에게, '박테리아가 없는' 정상적인 아메바들에게는 무해하지만 박테리아에게는 치명적인 항생제를 투여했더니 쉽게 죽어버렸다. 즉 박테리아를 가진 아메바들에게서 커다란 변화가 나타난 셈이다. 박테리아와 아메바라는 두 개의 이질적인 생물이 결합하여 다른 한 생물체가 된 것이다.

약 5년 동안 전 교수는 박테리아에 전염된 아메바 중에서 연약한 것은 버리고 강한 것은 취하면서 배양을 계속해서 아메바들을 정상적인 건강 상태로 회복시키는 데 성공했다. 그들은 전염된 상태에 있으면서도 이틀에 한 번씩 분열할 수 있었다. 생식의 관점에서 본다면 그들은 전염되지 않았던 선조 아메바들과 똑같은 상태로까지 적응할 수 있었던 것이다.

아메바들은 박테리아를 쫓아내지도 않았다. 박테리아는 아메바 속에서 살아있는 '벌레'가 되었다. 그리고 아메바들은 질병을 치유했다. 회복된 아메바들은 각각 약 4만 개씩의 박테리아를 소유했다.

박테리아의 입장에서 본다면 그들은 살아있는 다른 세포의 내부에서 생존하기 위해 자신의 파괴적인 경향을 극적으로 변화시켰다고 할 수 있다.

—『마이크로 코스모스』린 마굴리스, 도리언 세이건, 예스24eBook, 64~66쪽.

사람이 새를 보고 비행기를 만들었듯이, 사람이 사람을 보고 사이보그와 로봇을 만든다고 합니다. 이제 사이보그와 로봇을 돈 주고 사게 될 것이라는 것입니다. 사이보그와 로봇이 노인이 된 우리를 씻겨주고 밥도 해줄 것입니다.

그런 로봇을 돈 주고 사는 거죠. 내가 어려울 때 로봇이 부축해주고 보호해 줍니다. 인공지능 AI로봇이죠. 얘는 뇌가 작지만 체육관만 한 뇌를 가진 뇌와 공유되므로 능력이 뛰어납니다. 미래학자들은 앞으로 올 미래에 인류와 기계의 공진화가 예견된다고 이야기합니다.

3) 공존과 무아의 공진화(co-evolution) 개념

현대자동차에서 자율주행 드론 택시를 만들어 인도네시아에 수출하려 한다고 합니다.

그런 세상이 온 것입니다. 진화의 문제는 단순한 자연 생태계만의 문제가 아닙니다. 우리의 보존욕구를 통제하고, 자기초월의지(self-transcendence will)가 우리 인류를 행복하게 이끌 수 있도록, 중도지견(中道智見)이 보편화될 수 있도록 노력합니다. 붓다의 가르침으로 향한 지향성이 우리의 내적 문제를 종식[초월 의지로]시킬 수 있는 방편일 것입니다.

붓다의 시대나, 지금 현대나 인류 삶의 패턴은 다를 게 없습니다. 중요한 것은 관점입니다. 어떤 관점으로 로봇을 만드는가가 중요합니다. 생태계의 공생관계로 관점이 전환되어야 합니다. 생태계의 진화는 공유, 공생하는 관계이지, 약육강식으로만 된 것이 아니라는 것에 눈을 떠야 합니다.

부처님의 삼법인은 '무상(無常), 고(苦), 무아(無我)'입니다. '무아(無我)' 개념이 공존(共存)의 바탕이 됩니다. 독립적으로 '나'라는 것이 존재되지 않는다는 말이죠. 이것하고 저것들이 모이는 것을 범주화라 합니다. 범주화가 되면 개념이 형성되고 이름이 붙죠. 이것, 이것이 합쳐지면 '책상'이라는 이름이 붙죠. 해

체되면 책상이 아니지만 모이면 책상이죠.

이렇게 '범주화'되며 '개념화'되고, 개념화가 굳어지면 '관념'이 됩니다. 이런 과정으로 뇌가 사고, 인지작용을 합니다. 공생관계로 진화함에 있어서는 '주고받고'가 되어야 합니다. 탁구는 혼자 칠 수 없고 같이 해야 하죠. 게이트볼도 같이해야 재미가 있지요.

그런 것처럼 이쪽저쪽이 서로 상호작용하면서 무언가가 사건으로 일어나는 겁니다. 그래서 지금 여러분들이 있고 제가 있고, 이렇게 같이 모여서 공진화를 얘기하듯이, '나'라는 것도 관계 속에서 나타난다는 것입니다.

어머니, 아버지가 만나 내가 만들어졌지, 내가 하늘에서 뚝 떨어진 것이 아니죠. 관계 속에서 만들어지고 조건화된 것으로 현상이 나타나는 것이지, 독립적으로 내가 만들어진 것이 아니라는 뜻입니다.

그것이 '무아(無我)'입니다. '나'라고 할 만한 것이 없다는 것이죠. '관계 상황에서 드러난 나'일 뿐입니다. 종이가 만들어지려면 나무, 비, 구름, 태양이 있어야 합니다. 나무가 있으려면 비가 있어야 하고, 비가 있으려면 구름이 있어야 하고, 구름이 있으려면 바다와 태양이 있어야 합니다.

물이 '구름, 비, 강, 바다'……. '구름, 비, 강, 바다'로 계속 변화되면서 흐르는 생명의 흐름 속에 내가 있게 된 것이란 말입니다. 그것들이 없다면 나도 종이도 없다는 거죠. 그러므로 이 종이에서 구름도 바다도 태양도 볼 수 있어야 합니다. 이렇듯 모든 것이 관계되어진 존재들이라는 것을 볼 수 있어야 합니다.

살펴보았던 것처럼 "G.F. 츄"의 강입자 부트스트랩 이론이 그러한 가르침을 과학적으로 가시화합니다. [45]

---

45) 『현대 물리학과 동양사상』, 프리초프 카프라, 이성범 옮김 범양사, 2002 G.F. Chew, pp.322~333.

빙하기가 오는 이유는 평형 상태가 깨지기 때문이랍니다. 지금은 제4 간빙기라고 합니다. 인류는 지금 제4 간빙기 시대를 살고 있습니다. 빙하기가 다시 오면 인류는 생존하기 어려워집니다.

기계 진화를 이야기했는데, 이것이 매우 중요한 문제입니다. 진화라는 것이 세부적, 미시적으로만 이루어지는 것이 아니고 거시적 차원에서도 이루어지고 있다는 겁니다. 앞으로 인류가 어떻게 될지 모릅니다.

지금 이런 모습의 인 검은 사람, 하얀 사람, 노란 사람뿐 아니라, 앞으로는 녹색 사람이 나올 수도 있답니다. 환경이 바뀌면서 그것에 적응하는 인류가 나오면, 사이보그 시대가 올 수도 있다는 거죠.

사이보그라는 것은, 뇌는 사람의 생리적 뇌인데 몸은 기계인, 로보캅 같은 존재들입니다. 그리고 돈을 내고 팔다리를 바꾸는 것이 가능해진다고 합니다. 뇌는 살아있으면서 몸이 바뀌는 것입니다. 사이보그 시대가 먼저 올 수 있다는 거죠.

사람 수명도 알 수 없게 됩니다. 영원히 안 죽는 인류도 나올 수도 있다고 합니다. 컴퓨터로 비유하면 컴퓨터의 모든 내용을 조그만 칩에 담았다가 100년 후에 다시 컴퓨터에 넣으면 다시 그 내용이 살아나는 것과 같습니다 (<아바타: 물의 길>이라는 영화에 그런 모습이 보입니다). 우리의 뇌 정보 모두를 칩에 넣었다가 로봇에 넣으면 로봇이 내가 되는 것입니다. 그게 가능하다는 미래학자들의 소견입니다.

상상만 해도 이상한 그러한 일이 가능한 시절이 온다는 거죠. 제가 강조하는 것은 우주가 '공진화'하고 있다는 천체물리학자들의 관점입니다. 관계 속에서 모든 것이 진행되는 과정이라고 보는 것을 '과정구조(process structure)'라

한다는 것을 앞장에서 살펴보았죠.

모든 것은 과정 속의 구조라는 말입니다. 일체 존재들의 특성은 결정된 것이 아니고 늘 바뀌고 있다는 거지요. 그래서 푸르딩딩한 얼굴의 새로운 종의 인간도 나올 수도 있다고 이야기합니다. 환경이 바뀌면 더 강한 면역체계를 가진 그런 인간이 나올 수 있다는 것입니다.

저는 청정한 산속에서 살다가 도시에 나오면 힘들어서 산으로 돌아가고 싶어집니다. 그래도 도시 외곽의 보문산 기슭에 살면서 적응기간을 보내 여기까지 온 것입니다. 많은 사람들은 서울이나 도시생활이 더 좋다는데, 저는 아닙니다.

저는 적응이 안 되는 거지만, 적응이 잘 된 사람은 도시 생활에 맞게 구조화된 거죠. 그게 꼭 좋은 것은 아닐 수 있지만 말입니다. 어쨌든 현실의 본질은 그렇게 관계 속에서 변화되고 구조가 바뀌는 '과정구조'란 말입니다.

부처님의 삼법인 '무상(無常), 고(苦), 무아(無我)'에서 '무상(無常)'의 가르침이 현재 과학 체계 표현으로 과정구조라 합니다. 유발 하라리가 쓴 '사피엔스'라는 책을 보면 '체인지(Change)'라고 되어 있다고 했지요. 무상(impermanence)을 가르치는 내용을 영어권에서 쉽게 통하도록 하나의 단어 'Change'로 명료하게 표현한 겁니다. '체인지'라는 말로써 젊은이들에게 '무상(無常), 고(苦), 무아(無我)' 개념을 가르치고 있습니다. 한 명의 이스라엘 사람이 책을 써서 (8만 명 이상의 사람이 그의 수업을 듣고 있음) 수많은 사람들의 인식을 강타한 것이, 수백 개의 절을 불사한 것보다 나은 포교 결과를 얻었습니다.

우리는 깨어나야 합니다. 통합적 진화의 패러다임에서 물질계와 생명계, 그리고 인간계 모두 서로 얽히어 있습니다. 인간은 자연에서 고립된 이방인이 아니란 것입니다. 에리히 얀치의 깨어 있는 사고방식이 새로운 거대 담론의 씨앗이 되었고, 그것은 새로운 문화코드로 작동되고 있는 것입니다.

지금 우리에게는 새로운 과학적 불교 해석이 필요합니다. 과거의 내용만 한글로 바꾸는 법문은 지양해야 합니다. 이러한 문제들 때문에 요즘 사람들이 출가를 안 합니다. 지금 스님 후배들이 없습니다. 그러니 우리 승려들은 힘듭니다.

왜 그러냐? 불교계가 과학 불교로서의 노력을 등한시했기 때문이라고 생각합니다.

어쨌건 이런 공생하는 부분들이 공진화를 이끄는 핵심입니다. 공진화가 조직 체계를 유지하는 데 유리하므로, 자연의 압력이 우리로 하여금 선택하도록 만든 겁니다. 여러분은 날도 추운데 지금 여기서 강의 듣는 것을 선택한 거잖아요. 골 아픈 공진화가 어쩌고저쩌고 이런 소리를 하는데도 말입니다. 그런데 이게 중요하다는 말입니다.

여기 상반되는 것이 동시에 같이 있죠. 자기조직을 유지하겠다는 의지는 이기적으로 자기를 유지하려 합니다. 이기적 유전자의 작용이죠. 우리는 기본적으로 이기적입니다. 그런데 이기적인 그것이 세포막을 뛰어넘어 저쪽하고 주고받으면서 공생하기도 한다는 겁니다. 그래서 살아남게 되었다는 진화생물학자의 논의입니다.[46]

---

46) 『이기적 유전자 the selfish gene』 리처드 도킨스/홍영남 옮김, 을유문화사, 1976, 진화생물학 교양서적. 여러 저작들 중에서도 가장 많이 팔렸고, 조지 윌리엄즈, 윌리엄 D. 해밀턴, 로버트 트리버즈, 존 메이너드 스미스 등의 진화생물학자들의 연구 결과를 집대성하여 20세기 중반부터 본격적으로 나타나기 시작한 신다윈주의 이론이다. https://namu.wiki/w

인류는 자기초월(self-transcendence) 의지를 가지고 있다 합니다.

세포가 그런 성향을 가지고 있다는 생물학적 연구결과입니다. '자기보존욕구(self desire-conservation)'만 있는 것이 아니고 '자기초월의지(self-transcendence will)'가 있다는 것이죠. 그것 때문에 인식의 한계 막을 뛰어넘는 겁니다.

선지식의 가르침 또한 관념화되면 인식의 막이 형성되는데, 우리는 그것을 넘어서야 한다는 겁니다. 선지식의 1007공안은 일종의 자기 변혁의 알고이즘(algoism)을 스토리텔링(storytelling) 형식으로 엮은 것이라고 봅니다.

과거 고대 인류는 지구가 평평하다고 생각했는데, 이제는 지구가 둥글다는 것이 일반 상식이 되었죠. 과거에는 지구가 평평하다는 것이 진리였습니다. 여러분이 알다시피 인간의 관념은 잘 안 바뀝니다.

그것이 바뀐 것은 그것을 넘으려는 의지가 있었기 때문입니다. 그런 막을 뛰어넘고 온 것이 '현재의 여러분'입니다. 편안한 집을 떠나서 배우려 온 거죠. 이렇게 상반된 관념이 동시에 존재하고 있습니다. 손바닥과 손등은 다르지만 하나죠. 상호관계가 있는데도 상반되어 있습니다.

묘하죠.

그것이 우리의 본질입니다. 그 힘으로 우리를 갱신시키고 초월시키므로 우리는 진화되고 있는 겁니다. 그런 최초의 불이(不二)적 인식진화(Cognitive evolution)로 돌연변이를 일으킨 분이 고타마 사카무니 붓다라고 보는 겁니다.

우리는 그를 신처럼 모시지만, 그건 그분이 원한 게 아닙니다. 그분은 자기를 숭배하라고 한 적이 없습니다. 어쨌든 붓다는 진화의 본질을 밝혔습니다. '무아(無我)'와 '무상(無常)'의 가르침으로 말입니다. '무상(無常)'은 허무하다는 말이 아니라, 모든 것이 바뀐다는 '항상하지 않다'라는 의미의 가르침입니다. 바뀐다. 모양이, 양태가 바뀐다는 거죠.

그래서 결국 '나'도 알고 보면 종이처럼 '관계와 과정 속의 나'라는 말입니다. 과정 밖에서는 다른 인연으로 흘러갑니다. 다른 인연에서 이 모양이 되고 저 모양이 되며 양태가 바뀌어 가며 구름, 비, 강, 바다처럼 변화해 갑니다.

역동적 상호작용 관계의 과정들인 겁니다. 그것이 진화의 패러다임에서 기본 구조입니다. 그래서 우리의 진화는 자기의 바뀜과 전체 자연이 함께 바뀌는 동시에 상호작용, 즉 공진화(coevolution)를 이룹니다.

엄청난 망원경이 휴스턴과 네덜란드에 있다는데 길이는 무려 1.6km라고 합니다. 수십억 광년의 우주 소식을 눈으로 보고 연구하고 있는 것입니다.[47] 과학자들이 우리 스님들보다 더 열심히 수행하는 것 같습니다.

단언컨대 과학자가 곧 수행자입니다. 그들이 그리 연구해서 알아낸 사실을 우리가 쉽게 접하게 되는 겁니다. 진화의 체계는 물질과 환경의 관계 속에서 상호 침투합니다. 그렇게 상호 영향을 주고받는다는 것입니다.

---

47) VLBI(Very Long Baseline Interferometry) 현재까지 VLBI로 구성된 가장 긴 망원경은 EHT(Event Horizon Telescope)로, 지구상에 위치한 여러 망원경들을 연결하여 지상에 설치된 가상 망원경의 지름을 최대 1.6km까지 늘려 블랙홀을 관측하는 데 성공했다. 거대 마젤란 망원경(Giant Magellan 또는 GMT)은 칠레 아타카마 사막의 라스 캄파나스 천문대에서 건설 중인 25.4m의 지상 기반 초대형 망원경이다. 시운전은 2020년대 후반으로 예상된다. 일단 완성되면 거대 마젤란 망원경은 광학 및 중적외선(320~25000nm) 빛을 관찰하는 지금까지 제작된 그레고리 망원경 중 가장 큰 망원경이 될 것이다. 세계에서 가장 큰 7개의 거울을 사용하여 368평방미터의 집광 면적을 형성한다. 거대 마젤란 망원경은 허블 우주 망원경의 10배, 제임스 웹 우주 망원경의 4배에 달하는 분해능을 가질 것으로 예상되지만, 우주 망원경에서 사용할 수 있는 것과 동일한 적외선 주파수로 영상을 촬영할 수는 없다. 과학자들은 자이언트 마젤란호를 사용하여 먼 외계 행성에서 생명체의 흔적을 찾는 것부터 화학 원소의 우주 기원을 조사하는 것까지 천체 물리학의 거의 모든 측면을 연구할 것이다. 거대 마젤란 망원경은 2005년에 주경을 주조하기 시작했고 2015년에 현장 건설을 시작했다. 2023년 현재 7개의 주경이 모두 주조되었으며, 7개의 적응형 2차 거울 중 첫 번째가 거울 제작도 진행 중이고, 망원경 거치대 제작도 진행 중이다. 다른 망원경 하위 시스템은 최종 설계 단계에 있다. 20억 달러 규모의 망원경은 호주, 브라질, 칠레, 이스라엘, 한국, 미국 등 6개국을 대표하는 선도적인 연구 기관으로 구성된 국제 컨소시엄인 GMTO Corporation의 작품이다. https://en.wikipedia.org/wiki/Giant-Magellan-Telescope.

현재 강의하는 이순간도 또한 서로서로 침투하는 것입니다. 서로 작용해 주는 거죠. 그렇게 우리는 바뀌어 갑니다. 부처님의 경지로 서서히 다가가는 것입니다.

이렇게 우리는 선원사라는 하나의 세포와 같은 막에서 자기조직을 해가고 있는 것입니다. 그것을 일종의 '공진화(coevolution)' 개념이라 할 수 있습니다.

서로 공유하면서 서로 영향을 주고받는 것입니다. 대기권도 공진화의 산물입니다. 처음부터 대기권이 만들어진 것이 아닙니다. 저 위에서도 미세한 작은 생명체들이 살아가고 있습니다.

다큐를 보았는데요, 지구에 어떻게 산소가 만들어졌는지를 다루었습니다. 〈원 스트레인지 락(One Strange Lock)〉[48]이라는 다큐인데, 보시면 재미있습니다. 지금 제가 드린 말씀이 나옵니다. 핵을 가진 세포가 만들어져서 그 세포가 내부에 또 다른 것들을 받아들여 같이 내부공생(endo symbiosis)을 합니다.

우리가 선원사라는 세포와 같은 막 속에서 서로 부처님의 가르침이란 주제로 공유하면서 이야기하는 공생관계를 이루듯 공생하는 것을 '내부공생'이라 합니다.

우리 세포가 그리하고 있는 것입니다. 에너지를 나누며 살고 있는 것이지요. 미토콘드리아를 다 없애면 우리 면역체계가 다 무너집니다. 그러한 내부공생으로 우리는 진화할 수 있었고, 살아남을 수 있었다는 것입니다.

린 마굴리스는 '내부공생'[49]을 발표합니다. 그렇게 다원적 사고가 끝납니

---

48) https://www.youtube.com/watch?v=C5S7Ja7jYCQ.

49) 『마이크로 코스모스』 린 마굴리스, 도리언 세이건, 홍욱희 옮김, 김영사, e-book. 내부공생 -미토콘드리아는 한때(약 15억 년 전) 원시 박테리아 세포(proteobacteria)에서 유래되었다는 몇몇 증거가 발견되었고, 이 증거들에 근거하여 주장된 이론이 바로 세포내 공생설(endosymbiotic theory)이다.

다. 지구촌 모든 문화는 공생, 공유의 네트워크 세상이란 거지요. 책 쓴 사람이 있고 그 사람에 의해 책이 존재하게 되는 방식으로 돌아가는 지구가 아니란 것입니다. 인류가 다윈의 진화론 방식으로만 산다면 우리는 멸종하게 될 것입니다.

그 전에는 인류가 없었으니 앞으로도 살아남을 거라는 보장이 없습니다. 그러니 잘 살아야 합니다. 그래서 이런 강의가 필요한 것입니다. 그래서 이런 정보들을 공유할 필요가 있는 것입니다.

모든 것은 스스로 '자기조직'을 하게 되어 있지만, 그것들은 '관계' 속에서 이루어진다고 거듭 강조합니다. 그러니 짜증나고 무엇이 잘 안 될 때 스님을 찾아와서 차를 마시며 넋두리를 하죠! 이곳의 주지스님이 힘들면 또 제가 와야죠!

이런 관계 속에서 서로 에너지가 교환되는 것입니다. 시공을 초월해서 내 안의 붓다 에너지를 이끌어내야 합니다. 이제 린 마굴리스의 연구를 좀더 깊이 고찰하며 금주 강의를 마무리합니다.

침팬지나 오랑우탄의 새끼가 어미 자궁 속에서 안락하게 지내는 동안 인간 아기는 태어나서 '두뇌를 발전시키는' 훈련을 쌓게 되는 것이다. 다시 말하면, 인간의 아기는 아직 약하고 미숙한 상태에서 외부 환경의 영향에 노출되고 적응하게 된다.

영양 새끼가 태어나면서부터 뛰어다니고, 거북 새끼가 부모의 존재도 알지 못하면서 태어나는 것과는 판이하게(모든 동물은 태어날 때 이미 외부 세계에 대처할 수 있도록 완전히 발육되어 태어난다) 인간 아기는 절반 정도밖에 발육되지 못한, 완전히 무력한 존재로 태어난다(225쪽).

조산을 선호하는 유전적 경향에서 비롯된 자연선택 압력은 조산을 더욱 촉진하고 조산된 아이가 더욱 많은 돌연변이를 발현할 수 있게 했다(226쪽).

성선택적(sexual selection) 요소가 더해짐으로써 한층 극적인 효과를 낳는다. 말하자면 이러한 경우이다. 남성이 자신의 배우자를 선택할 때는 유럽 지방의 선사시대 유물에서 발견되는 '다산 여신들'과 같은(골반이 크고 넓어서 출산구도 넓은) 여성을 선호하는 것이 보통인데, 이론적으로 그런 여성은 두뇌가 큰 아기를 낳을 가능성이 많다고 한다.

감수성이 고도로 발달한 아기를 미숙아 상태로 낳는 것은 장점과 함께 단점도 따른다. 그런 신생아는 너무나 허약해서 외부 환경에 육체적으로 적응하기가 어려웠다. 그런데 이런 아기의 허약성으로부터(대단히 신기하게도) 가족의 중요성이 강조되었고 또 여기에서 문명이 탄생했다.

그에 의하면, 유인원 어미들은 자신의 아기를 왼쪽 젖가슴 쪽으로 끌어안고 (아기는 태반 속에서 충분히 있지 못하고 태어나기 때문에 어미의 심장 소리를 그리워해서 그런 자세를 하면 달래기가 손쉬웠다) 오른손을 사용해서 작은 동물들을 향해 돌을 던졌다고 한다(227쪽).

유목민 집단이나 마을은 남성, 여성, 어린아이들로 구성된 새로운 가족 단위를 보호하기 위한 집단 공동체로 나타나기 시작했다. 고대의 '대지(Mother Earth)' 개념은 (현대에도 마찬가지로) 그 당시 유아가 어미의 자궁 속에서 더 잘 클 수 있었을 때 외부 세계에 노출됨으로써 갖게 된 인류 문화적 강점일 것이다.

심리학적으로 대지는 어머니를 상징했고, 따라서 세상은 일종의 제2의 자궁에 비유할 수 있다. 인류의 기원에서 '니오터니'의 중요성을 말해주는 또 하나의 사례는, 거의 모든 포유동물이 유아기를 지나서는 유당을 소화할 수 있는 기능을 잃는다는 사실과 관련이 있다(228쪽).

그에 의하면 원시 호미니드는 자신의 식량을 안전한 장소에 보관했으며 거기에서 원시 공동체의 규율에 따라 식량을 분배했다고 한다. 이 관점에서 보면, 인류 문명의 1차적 행위는 바로 식량 분배이다. 식량을 서로 나누어 가지면서 인류는 가장 원초적인 인류애를 발현했다고 할 수 있다(237쪽).

코끼리 같은 거대한 동물을 쫓아 대평원을 누비며 익혔던 무리로서의 응집성은 현대문명에서도 잘 보전되어 있다. 이런 고도로 성공적인 생존 전략은 비록 그 형태는 바뀌었지만 현대의 집단 운동경기와 전쟁에서 생생하게 재현된다(237~238쪽).

축구는 남자들이 가죽으로 만든 물체를 뒤쫓는 사냥의 상징적인 행위에서 비롯되었다. 축구공은 공중으로 차올리게 되는데 이는 과녁을 향한 창던지기에 비유된다. 마찬가지로 전쟁이라는 종족 간의 대결도 지상에서 사라져버리기는커녕 더욱더 빈번해지고 있다. 말이 많고 몸짓이 풍부했던 우리 선조들은 대형 동물 사냥을 일삼아서 포유동물을 종종 멸종 상태에 이르게도 했다.
오늘날 대형 동물 사냥의 타성은 인류를 자멸의 위기로 몰아가고 있다. 톰슨은 다음과 같이 썼다. "기술주의자는 전통적인 박애주의자에게 '우리는 가장 진보한 최고의 생물이며, 당신들은 과거 동물들의 속성이 배제된, 단지 그 유체에 불과하다'라고 말한다. 이런 기술 주의자에게 군사력 경쟁은 필요악이 아니며 괴이한 병리학적 증상도 아니다. 그들은 군비경쟁을 인류 진화의 추진력으로 생각한다."
실제로 인류 진화는 다른 모든 생물의 진화와 마찬가지로 분배와 살육, 경쟁과 협력의 양면을 모두 지닌 과정이라 할 수 있다(238쪽).

약 3만 년 전에 이르러 인류는 구세계 전역에 완전히 정착했다. 알제리의 '아팔로 보룸멜 거주지 34(Afalou-Bou-Rhummel Rock Shelter34)'라는 곳에서는 네안데르탈인 문명에 의해서 형성된 무스테리안 석기 유물과 함께 인류의 두개골이 발견되었다. 그 석기들은 천연 화산암에서 산출되는 검은 빛깔의 흑요석 박편으로 만들어졌다(p.240).
현대 인류는 서부 중앙아시아에서 처음 출현해서 보르네오, 오스트레일리아 그리고 동부 유럽 등으로 퍼져나간 것으로 추정된다. 약 3만 5000년 전에는 서부 유럽에 이르렀고, 약 3만 2000년 전에는 시베리아 동부의 레나 분지와 아프리카의 자이르까지 이르렀다. 계속해서 2만 7000년 전에는 아메리카 북서부 지방까지 진출했고, 약 19000년 전에는 아메리카 원주민이 펜실베이니아 주에 정착했고, 또 다른 무리의 원주민은 약 1만500년 전에 남아메리카 전역으로 퍼져나갔다.

현대인은 약 1,500제곱센티미터의 두뇌용적, 부족 중심주의, 시적인 재능, 손재주의 교묘함 등 다양한 공통점을 지닌다. 따라서 인종 간에 나타나는 차이점은 현대인과 오스트랄로피테쿠스 아파렌시스 또는 현대인과 호모 에렉투스의 차이에 비하면 정말로 아무것도 아니다. 그런데 플라이스토세의 원인들에서부터 현대의 우리에게 이르는 연속성은 화석에서 그 윤곽을 찾아볼 수 있다(242쪽).[50]

이와 같이 진화생물학적 연구 결과물을 함께 공유하며 인류 진화의 흐름을 파악해 보았습니다. 다소 반복되는 자루함도 있었으나 보다 분명한 인류의 연구 문화유산을 대비하여 살펴봄으로써 과거의 추상적인 것이 과학적 안목으로 선명해질 수 있게 되었습니다.

그러면 그동안 말씀드린 것 중에 질문할 것이 있으면 말씀해 주십시오.

사람이 죽어도 24시간 동안은 의식이 남아 듣는다고 하는데, 그것도 미토콘드리아 작용인가요?

그건 다릅니다. 심장 토대가 남아있게 되면 의식이 남게 됩니다. 말은 못해도 알아듣습니다. 심장 토대가 있으면 의지를 발현할 수 있지만, 심장 토대가 가 버리면 의식은 끊깁니다.

---

50) 『마이크로 코스모스』 린 마굴리스, 도리언 세이건, 김영사 e-book.

그런데 중요한 것은 미토콘드리아는 안 죽는다는 겁니다. 그들은 다시 다른 곳으로 갑니다. 여행을 갑니다. 그런데 그게 나인가요?

'나'라는 실체가 어디 있나요. 다음 주에 그것에 대해 논의해 보죠.

곤충 같은 미물들, 예를 들어 땅강아지와 사마귀 같은 생물들은 다르게 작용하던데요. 죽을 때 다른 방식으로 죽더군요.

개미들은 2차원적으로 삽니다. 인간은 복잡하고 고차원적이죠. 그 복잡성 때문에 우리 인간이 인간을 멸절시킬 수 있게 되었습니다. 앞으로는 인간이 죽고 기계가 살아남을 수도 있다고도 합니다. 생물학적 핵심은 사마귀든 땅강아지든 그 안에 가진 미토콘드리아는 안 죽습니다.

곤충들도 미코콘드리아를 가지고 있고, 그게 없으면 생명 기능을 할 수 없다고 합니다. 조금은 다른 이야기지만, 과거 고대의 수행자들은 미토콘드리아의 존재를 인지하지 못했으니, 그 대신 '명근(命根, jīvitindriya)[51]'이란 말을 사용했습니다. 생명의 뿌리인 명근은 '사선정'에 들어가도 끊기지 않습니다. 사선정에 들어가면 몸 기운이나 몸 감각이 끊기고, 숨도 안 쉬어집니다.

그럼 어찌 사냐구요?

그러면서도 숨은 붙어있으니 불가사의한 것이죠. 숨 안 쉬는데 사는 겁니다. 그런데 거기에 '생명근(生命根)'은 그대로 존재합니다. 그래서 사는 겁니다. 그 때문에 '명근'이란 것이 설정된 것입니다.

그런데 지금 과학자는 그것을 미토콘드리아 작용으로 봅니다. 몸의 생명 에너지를 만드는 것이 미코콘드리아입니다. 인간이 생존할 수 있는 생명에

---

51) 「命根에 대한 考察」中央僧伽大學校 大學院 佛敎學科 譯經學 專攻 崔玟圭(佛恩) 015年 12月 碩士學位請求論文 p.10, Dhs, pp.11~12: Katamaṃ tasmiṃ samaye jīvitindriyaṃ hoti. Yo tesaṃ arūpīnaṃ dhammānaṃ āyu ṭhiti yapanā yāpanā iriyanā vattanā pālanā jīvitaṃ jīvitindriyaṃ hoti. idaṃ tasmiṃ samaye jīvitindriyaṃ hoti.

너지를 만든다는 겁니다. 그 작용을 하는 것이 명근이니, 명근의 에너지작용
이 곧 미토콘드리아의 에너지작용과 비추어 말씀드리는 것입니다.

박테리아에서 오늘날 인류로 진화하는 데 있어, 숨겨져 있던 미토콘드리
아는 우리 삶을 이끄는 생명 에너지의 발전소이며, 다세포 생물 진화의 원동
력이라는 겁니다. 이러한 과학 교육이 필요합니다. 우리는 생명 작용의 상세
한 세포구조에 대해서 알아야 합니다. 서양인들은 초등학생들도 미토콘드리
아에 대해 공부합니다.

뇌의 사고방식이 바뀌면 면역체계가 바뀝니다. '정신신경면역학'이라고 하
는 분야가 있습니다. 피엔아(PNI) 즉 '신경면역학'[52]이 그것입니다. 이것은 중
추신경계, 자율신경계, 뇌분기계, 면역계, 스트레스와의 관계를 연구하는 학
문입니다. 이런 부분이 과학자들이 연구하는 부분이죠.

그들은 명상을 중시합니다. 그들 과학자 중에 명상을 안 하는 사람이 없습
니다. 과학적으로 밝혀진 것입니다. 그들은 명상이 면역체계를 활성화 한다
는 것을 알게 된 겁니다.

스트레스는 버리면 쓰레기이지만, 재활용하면 자원이 된다는 말입니다!
스트레스도 잘 활용하면 나를 상승시키는 에너지 자원이 됩니다. 잘못 다루
면 아무것도 못 합니다. 명상을 통해 스트레스를 잡아 나가는, 말하자면 에
너지 자원화하는 기술을 개발하는 것이 명상의 또 다른 기능입니다.

---

52) 정신신경 면역학(精神神經免疫學,Psychoneuroimmunology ,PNI); '심리신경면역학'은 중추 신경계, 자
율 신경계, 내분비계와 면역계 그리고 스트레스와의 관계를 깊이있게 연구하는 학문 분야이다. PENI(psych
oendooneuroimmunology) 또는 PNEI(psychouroendocrinoimmunology)라고도하는 심리신경면역학
(PNI,Psychoneuroimmunology)은 심리적 과정과 인체의 신경계 및 면역계 사이의 상호 작용에 대한 연구로 발전하
였다. PNI는 심리학, 신경 과학, 면역학, 생리학, 유전학, 약리학, 분자 생물학, 정신과, 행동 의학, 전염병, 내분비학 및
류마티스학 등 관련학문을 통합하여 학제간 접근 방식을 취한다.

4

인문생태계와 자연생태계의 교감-상호작용

1) 내부공생이 생명계 공생으로 이끄는 동력

날씨가 지난주보다 추워진 관계로 강의실이 불편할 텐데 모두 함께해 주서서 감사합니다. 그동안 만만치 않은 내용을 함께 살펴보았는데요. 전체적으로 다시 흐름을 잡아 보고 다음으로 진행하겠습니다.

지금 드리는 말씀은 과학적 사고로, 과학자들이 나름 연구한 것이 담론화된 것입니다. 어떻게, 그렇게 생명체와 우주가 시작되었는지 어떤 원리로 그것이 나타났는지 그것의 기본적 역학을 밝히는 것입니다.

물질이 형성되는 원리는 평형 상태가 무너진 것이라고 봅니다. 비평형성이 물질 형성의 동력인이 됩니다. 미물도 자세히 보면 왼쪽 오른쪽 눈이 같지 않습니다. 쌍둥이도 다릅니다. 그런 것처럼 완벽한 균형을 이루면 모든 것이 정지, 멈춘다고 합니다.

평형이 깨지는 현상에 의해 드러난 우주적 사건이 '빅뱅'[53]입니다. 빅뱅은

---

53) 빅뱅: 약 137억 9900만 년(±210만 년)전의 대폭발을 시작으로 우주가 팽창했다는 이론. 현재 우주가 계속하여 팽창하고 있으니, 그 과정을 역으로 계속 되짚어 가면 '최초의 순간'에는 모든 것이 한 점에 모여 있었을 것이란 일종의 역발상이다. 1927년 벨기에의 조르주 르메트르가 최초로 주장했다. 37억 년 전 우주에서 대폭발이 있었다는 것. '빅뱅이 우주의 시작이라면, 빅뱅 이전에는 도대체 무엇이 있었느냐?'라고 뒤따르는 이 상식적인 질문이 현재까지도 빅뱅 이론의 가장 핵심적인 논의거리 중 하나다.https://namu.wiki/w/빅뱅 우주론.

평형이 깨지면서 일어난 우주적인 사건이죠. 평형이 깨짐으로 물질의 변화가 시작되는데, 변화된 그것은 마치 벌집처럼 구조됩니다.

산일구조(散逸構造dissipative structure)를 갖는다는 것입니다. 쉽게 말해 평행성을 잃어 균형이 깨지면 움직임이 시작됩니다.

강물이 흘러갈 때 반듯하게 흘러가지 않고 구불거리며 가는 이유는 평행이 깨져서입니다. 물 분자가 태양빛을 쬐면 그때의 표면 온도와 물 깊은 곳의 온도가 다릅니다. 온도 차이에 의해 대류 현상이 일어납니다.

물이 돕니다. 물 분자가 회전합니다. 겉으로는 표가 안 나지만 안에서는 와류의 현상이 일어납니다. 오른쪽으로 돌기도 하고 왼쪽으로 돌기도 합니다. 오른쪽으로 도는 힘이 극점으로 가면 부딪히고 회전 방향이 바뀝니다. 반대로 바뀌며 왼쪽으로 돕니다. 모든 강물이 왼쪽으로 돕니다. 그러다가 다시 오른쪽으로 돕니다. 그러다 아주 심하게 구부러지면, '회룡포'처럼 말발굽 형이 됩니다. 그렇게 반듯하게 흐르지 않는 것이 평형이 깨지면 물 분자가 부딪히면서 산란을 일으키기 때문이란 거죠.

그것이 구조를 이루는데, 이게 벌집 모양의 산일구조가 된다는 겁니다.

그것을 확연히 볼 수 있는 것이 냄비에 물을 넣고 끓이는 것입니다. 처음엔 기포만 움직이다가 어느 지점에서 부르르 끓는데, 그때 물의 분자 구도를 보면 벌집 모양이 된다는 겁니다. 이것이 프리고진의 관찰입니다.

우주도 그렇게 자기조직 체계(the self organization system)로 시작되었다는 것이 이쪽 과학자들 담론입니다.

전파 망원경으로 관찰하니 우주도 그런 '산일구조'로 확장되어 간다 합니다. 확장된다는 것에 대해 어찌 알게 되었을까요. 자동차가 멀리서 오거나

기차가 왔다가 지나가면 소리가 멀어지죠. 지구 밖 우주 고유의 소리가 있는데, 그것을 들어보니, 뭔가 소리가 점점 멀어지는 현상을 알아차린 겁니다.[54]

빛을 관찰해도 그러하고요. 그래서 우주가 고정된 상태가 아니란 것을 알게 된 겁니다. 무엇인가 변화하며 팽창하고 있습니다. 그것을 과학적으로 일정한 원리도 도출한 겁니다. 그런 개념의 접근을 거시적 관점이라 합니다.

손바닥을 보면 손금만 보이지만 현미경으로 보면 세포가 보이고 더 보면 세포 안이 보이죠. 그렇게 마이크로 세계를 관찰하고 그것을 추적하는 것을 미시적 관점이라 합니다. 그런데 이것이 서로 같은 원리로 대응한다는 것을 알게 된 겁니다. 그래서 칼 세이건은 거시적 우주를, 그의 아내 린 마굴리스는 미시적 우주를 연구한 것입니다.

진화의 개념은 21세기에 들어와서 마이크로 세계를 알게 되면서 바뀌게 됩니다. 기존의 진화 개념은 개체와 종들 사이 투쟁에서 이루어지는 것으로 보는 다윈의 적자생존적 개념이었습니다. 그러나 근래의 진화생물학 담론은 진화를 생물 사이 협동과 공생의 상호의존이라는, '공존(inter being-coexistence)'의 관점에서 이루어집니다.

생물은 '투쟁과 회피(fight and flight)'만으로 진화한 것이 아니고 연계하고 함께하는 공생(symbiosis)의 힘으로 이루어진다는 겁니다. 생물이 다른 생물과 싸우고 경쟁만 하는 것이 아니고. 필요한 부분을 나누고, 선택하고, 번성하고, 공존함으로써 우리가 보는 생명의 그물망을 만든다는 담론입니다. 그것은 붓다가 말한 중중무진(重重無盡)의 인드라망처럼 얽힌 인과관계를 과학적

---

54) 우주가 팽창하고 있다면 어떻게 우주의 기원을 설명하는 이론으로 발전할 수 있었을까? 팽창하고 있다는 사실을 거꾸로 뒤집으면 우리 우주는 축소되어 마침내는 우주가 아주 작은 하나의 덩어리가 될 것이다. 언젠가는 우리 우주 즉 그 점이 처음 탄생하는 순간이 있었을 것이다. 갓난아기가 어머니 뱃속에서 태어나듯이 아득히 먼 어느 날 처음 태어나서 오늘날까지 팽창해온 것은 아닐까? https://astro.kasi.re.kr/learning/pageView/6381

으로 풀어 말한 것입니다.

과학적 차원에서는 '하이퍼사이클(hypercycle)'[55]이라는 개념을 알아야 합니다. 하이퍼사이클은 실험결과 둘 또는 그 이상의 자가촉매 사이클이 상호작용하여 결합 혼성합체(hybrid)의 새로운 종을 이루는 것을 말합니다.

하이퍼사이클은 적자생존과는 반대되는 담론입니다. 서로 보완적으로 작용해서 생물체 같은 복제 가능한 구조를 만든 거죠. 이렇게 이루어지는 사이클의 진행은 최초의 세포를 탄생시키는 기초가 되었으며, 단세포 생물에서 다세포 생물로 발전하는 기반이 되었다는 겁니다. 하이퍼사이클 과정은 생물에게도 매우 중요하며, 이는 생물로 하여금 극심한 환경 변화 속에서는 과거의 주요 원소를 체내에 보전할 수 있게 했다고 합니다.

마법사인 남조류 박테리아는 태양빛으로 물에서 수소를 추출하는 방법을 만들었습니다. 이 새로운 이중 광발전시스템(light powered system)은 더 많은 ATP(아데노신 삼인산)[56]를 만들 수 있게 하였고, 무진장의 수소 공급원을 이용할 수 있게 했다고 합니다. 이런 시스템으로 인해 초기 남조류 박테리아는 성공을 거두고, 이산화탄소, 햇빛, 물이 있는 곳이라면 어디든 스스로 자생하고 퍼져 지표를 덮습니다.

바닷가 푸른 이끼들을 말하는 겁니다. 진화에서 공생은 생태계의 질서이

---

55) 하이퍼사이클(hypercycle); 실험 결과, 둘 또는 그 이상의 자가촉매 사이클이 상호작용-결합해서 혼성합체(hybrid)의 새로운 종; 하이퍼사이클의 기본 개념은 그 반대이다. 분자들이 화학적 보전(chemical survival)을 위한 투쟁에서 서로 서로를 파괴하는 것이 아니라 자가 조직할 수 있는 화합물 들이 서로 보완 작용하여 마치 생명체 같은, 궁극적으로 복제 가능한 구조를 형성할 수 있었던 것이다. 『마이크로 코스모스』, p.53.

56) 아데노신 삼인산(adenosine triphosphate, ATP)은 근육 수축, 신경 세포에서 흥분의 전도, 물질 합성 등 살아 있는 세포에서 다양한 생명 활동을 수행하기 위해 에너지를 공급하는 유기 화합물이다. 모든 생명체에서 발견되는 ATP는 종종 세포 내 에너지 전달의 "분자 단위의 에너지 화폐"라고 불린다(위키백과).

고 규칙이라는 것입니다. 때문에 생물체는 언제든 여러 종의 생물이 모여 형성되는 총합체적 복합성을 이루고 공생합니다. 생태계는 여러 종의 생명체가 모여 공생하는 집단의 공존 시스템(coexistence system)입니다.

그런 관점에서, 인간의 진화에 미토콘드리아가 산소를 사용하여 육상 진출을 도운 것처럼 인류가 기계의 발달로 우주로 나갈 수 있게 진화하는 것이 또 다른 '과정구조(process structure)'라고 볼 수도 있습니다.

말씀드렸던 그 역동성을 보여주는 전광우 박사의 연구결과[57]를 린 마굴리스가 다음과 같이 '마이크로 코스모스'에서 다룹니다.

박사가 밝힌 공생의 모험은 우리가 약 15억 년 전 무핵 박테리아에서 유핵 세포로 진화하던 과정에서 필요했다고 생각되는 역동성을 보여준다. (중략) 그의 발견은 생물이 함께 생활하면서 생존하기 위해서는 그사이에 협력이 필요했다는 사실을 시사한다. 진화에서는 경쟁과 협동 사이에 뚜렷한 경계가 없음을 증명했다. 미생물 우주에서는 손님과 포로가 같은 존재였고, 아무리 적대적인 상대라도 생존을 위해 오히려 서로에게 필요한 존재가 될 수 있었다.

전광우 박사는 수년간 아메바를 배양해 관찰했습니다. 새로운 아메바를 얻으면 배양 접시에 넣어 두었는데, 아메바에게 질병이 퍼지는 일이 발생했다고 합니다. 그때 건강한 아메바가 동그랗게 웅크리며 먹이를 섭취하지 않고 분열하지도 않았다고 합니다. 성장이 멈추었죠. 죽은 아메바를 관찰하는

---

57) 전광우 박사의 공생관계 연구 상세접근.

데, 전 박사는 세포들 속에 작은 점들이 무수히 퍼져 있는 것을 보게 됩니다.

이들을 관찰하니 10만 개 막대 모양 박테리아가 각각의 아메바에게 있었다는 겁니다. 새로 들어온 아메바가 기존 아메바에게 박테리아를 전염시킨 거죠. 박테리아는 결국 모든 아메바에 전염됩니다. 그러나 완전한 재앙으로 끝나진 않았답니다. 전염된 박테리아 중 일부는 살아남았습니다. 박테리아를 지닌 아메바들은 약했지만, 변화가 일어나면서 다른 생명체가 되었습니다.

살아남은 것들을 취해서 다시 배양했더니, 아메바는 박테리아를 지닌 채로도 건강해졌습니다. 감염상태로도 자가생식을 합니다. 박테리아를 추방하지 않았는데도 질병이 치유되고 면역체계가 형성된 겁니다. 4만 개의 박테리아를 유지한 채로 말입니다. 이 말은 아메바가 박테리아의 파괴적 경향을 내부에서 변화시켰다는 것이죠.

린 마굴리스는 이 사례를 통해 '내부공생(endosymbiosis)' 개념을 도출합니다. 내부공생이 생명계에서 공생으로 이끌고, 서로 침투하고 침투당하면서 공진화한다는 겁니다. 결론적으로 생존을 위한 선택의 압력을 받을 때, '약육강식'이 아닌 '공생(symbiosis)'의 원리가 작용한다는 것이죠. 서로 도움을 주고받으며 공진화(coevolution)하는 힘이 생존의 동력인이 되었다는 겁니다.

인간사회에서도 회사와 회사의 합병, 그리고 그 회사가 재생하고 번성하고 하는 것을 볼 수 있죠. 우리는 붓다의 가르침에서도 공생, 공존 관계를 봅니다. 인연 관계로서 '이것이 있으니 저것이 있고 이것이 없으면 저것도 없다'는 연기법으로 이미 오래전부터 전승해 온 가르침입니다.

연구를 더 진행해보니, 생물 시스템을 구성하는 데 생물학적 복합성이 중요하다고 합니다. 많은 종이 그 안에 존재할수록, 즉 복합성이 커질수록, 안정성이 높아지고 광합성 생산도 증가한답니다. 복합성을 가지는 공생의 그물망이 종과 종, 계와 계 사이 공존을 가능하게 한다는 것입니다.

인간계나 문화생태계나 자연생태계의 공생도 이런 관점에서 자각된 것입니다. 이것이 전체적 생태계 공존의 드라마입니다. 한 장의 종이 속에 구름, 비, 강, 바다가 함께 하듯, 모든 우주의 현재 상태가 연계되어 있다는 불교적 가르침이 지구 생태계의 과정구조(process structure)의 과학적 안목으로 드러나고 있습니다.

이미 말씀드렸듯이 가이아 이론은 지구 생명 전체를 하나의 살아있는 생명으로 본 것입니다. 가이아는 윌리암 골딩이 고대 대지의 여신 이름을 따서 체계화한 것이죠. 지구상 모든 생물이 서로 공생의 드라마로 공생하는 초 생물적 시스템이라는 겁니다. 그래서 대기 중의 공기 조성을 유지하고 지구 표면 온도를 스스로 조절하면서 생태계를 영속시키는 조건들을 통제한다는 이론입니다. 이러한 담론을 삶에 어떻게 녹여 체화하는지를 명상체계로 설명해 보겠습니다.

2) 일상의 삶에서 명상수행도구: 따몰지알 비앎함(FAWA RUD)

인도의 불교는 아시는 것처럼 바라문 힌두왕권(BC 2~1)과 외부 침입(986년 이슬람 무굴제국의 침입과 1203년 이슬람의 침공으로 인도불교가 파괴됨)으로 나누어집니다. 북방불교는 타클마칸 사막을 넘어, 실크로드를 따라 멀게는 지금의 러시아 변방까지 전파됩니다. 남방불교는 남쪽에 인접한 실론섬, 즉 스리랑카를 통해 미얀마, 타이, 라오스 베트남 등의 나라로 퍼져나갔습니다.

천여 년간 서로 교류가 없이 북방불교은 마하야나(mahayana)-대승불교, 바즈라야나(vajrayana)-밀교로 발전해 나갔습니다. 남방불교는 테라바다(Theravada) 히나야나(Hīnayāna Buddhism) 초기불교를 이루게 됩니다.

2차 세계대전 후 남방불교는 영국을 통해, 북방불교는 독일과 프랑스 등 유럽과 영어권 전역으로 확장되어 갑니다. 미국은 베트남전쟁 후 일본의 선불교를 적극적으로 받아들이게 되었고, 그 후 서양 문화는 불교 전반 문화가 인디아의 요가문화와 융합되어 퍼져 나갑니다.

20여 년 전부터 불교문화는 동서양이 통합적으로 발전하기 시작합니다. 바로 그 시기에 저 역시 출가의 길을 가며 선불교 수행을 바탕으로 선방수행을 하게 되고, 그 후 승가대에서 초기불교를 접하며 구체적인 초기 위파사나 수행을 접했습니다.

해서 저의 안목으로는 선불교의 장점과 초기불교의 강점이 요가체계를 바탕으로 융합되어야 한다는 것을 실감하였습니다. 다음 소개하는 명상 수행체계는 그러한 입지에서 나름 정립한 것입니다.

제가 함께하는 '붓다의 알아차림 명상법을 현실화한 통합적 선 명상 수행(integrative zen practice; I Z P)'을 정리해 말씀드리겠습니다. 그것은 '파와(FAWA)-루드(RUD)'입니다. 파와(FAWA), 즉 따라하기(Follow), 몰입하기(Attention), 지켜보기(Watchful), 알아차리기(Awareness)입니다. 줄여 말해 'FAWA-따몰지알'입니다. 루드(RUD)는 비추어보기(Reflection), 이해하기(Understanding), 함(Doing), 즉 'RUD-비앎함'입니다. 이것을 간단히 설명하겠습니다.

첫 번째, **'따라하기(follow)'** -자기의 시시비비하는 간택심(揀擇心), 증애심(憎愛心)을 내려놓고, 부처님과 선지식의 가르침을 믿고 의지하며 따라 들어갑니다. 여러 불교적 수행법 중에, 스스로 인연되어진 수행법을 '따라 들어가야 한다'는 겁니다. 따름에는 투철한 믿음이 바탕이 됩니다. 믿음은 따르는 길에 대한 시비심과 간택심을 내려놓고, 진리추구에 대한 간절한 따름이 전제가 되는 것이죠.

선 명상 수행에 있어서도 나의 내면을 향한 의식이 '궁극적 생명 존재들의 실체가 무엇인지 찾는 찾음으로 비롯된 생리적 느낌의 흐름-화두감'에 따라 들어가는 것입니다. 젠요가(Zen Yoga) 수행할 때도, 일단 동작의 흐름을 세밀하게 따라 들어가며, 일어나는 느낌을 놓치지 말고 따라 들어갑니다.

그것이 좋다, 싫다는 판단을 내려놓고 나의 의식이 느낌을 따릅니다. 이때 얼마만큼 깊이 따라 들어갔느냐에 따라 수행의 집중도가 다릅니다. 내면의 집중된 흐름에 들어가기 위해서, 두정요직(頭貞腰直)하고 반류전일(返流全一)하라고 합니다. 이 의미는 단정히 좌복에 앉을 때, '머리를 곧게 세우고 허리 곧게 세우며 모든 의식의 흐름을 안으로 돌이켜 하나의 수행 대상에 집중하라'는 뜻입니다.

그러기 위해선 육용불행(六用不行)하여야 합니다. 안이비설신의(眼耳鼻舌身意) 육근(六根)의 창을 닫아야 밖으로 향하던 의식이 내면으로 스며든다는 겁니다.

두 번째, **몰입하기**(attention) -위와 같이 따르면 보다 쉽게 자기의 수행 주제에 주의 집중하여 몰입이 이루어집니다. 오로지 시비심에 걸리지 말고 본인 수행 주제의 흐름에만 몰입합니다. 이때 수행 주제에 집중하므로 일어나는 몸과 마음의 에너지 흐름, 즉 Feeling-Energy 흐름에 몰입하는 것입니다.

손을 볼 때, 그냥 눈으로 보는 것과 100분의 일 현미경, 10000분의 일 현미경으로 보면, 같은 손인데 다른 것이 보입니다. 이 의미는 몰입에 의해 같은 손인데도 다른 차원을 볼 수 있는 것입니다.

그러니 맨눈(육안, 肉眼)으로 보는 경험 차원만을 전부로 주장할 수 없습니다. 육안의 눈으로 보이지 않는 세계도 실제로 지금 이 순간 손에 함께 존재하는 것입니다.

이것은 몰입의 힘으로, 새로운 차원의 경계를 통찰하여 볼 수 있다는 의미입니다. 수행자가 말하는 삼매력(三昧力) 수준에 따라 인지되는 세계가 다르게 나타난다는 거죠.

세 번째, **지켜보기**(watchful) -이 단계에서는 매 순간 수행 주제에 대한 몰입에 의해 느껴지는 육안이 아닌 심안(心眼)으로 느낌(수행 주제에 의한)을 지켜봅니다. 몰입의 힘이 항상하려면 지켜보기가 유지되어야 합니다. 이러한 지켜보는 힘에 의해 느낌들이 일어나고 머물다가 사라지는 것을 볼 수 있습니다. 즉, 지속적인 주의 집중하는 힘으로 느낌의 흐름을 있는 그대로 지켜볼 수 있고, 알아차리게 되는 것을 의미합니다.

네 번째. **알아차리기**(awareness) -심안(心眼)으로 깊이 있게 들어가 지켜보고 대상을 관찰하여 대상의 본성(本性), 즉 법성(法性)을 자각하게 됩니다. 인식 대상의 '일어나고, 머물고, 사라짐'을 알아차리는 지혜 자량의 기초가 갖추어집니다.

매 순간 대상의 일어남(생, 生), 머묾(주, 住)과 사라짐(멸, 滅)을 알아차린다는 것은 인식 대상의 변화(變, change)를 알아차린다는 뜻입니다.

알아차림은 정신적 깨어남에 반드시 요구되는 뇌 인지 기능입니다.

다섯 번째. **비추어 봄**(Reflection) -알아차림과 지켜보는 힘은 심경(心鏡)의 형성, 즉 관력(觀力)을 갖게 합니다. 때문에 법에 비추어보는 관력은, 인식 대상이 이것과 저것의 관계 과정구조임을 알아차리게 하는 통찰의 지혜로 이행됩니다. 그것은 곧 사물의 연기(緣起)적 공성(空性)을 보는 것입니다.

모든 것이 연기(緣起, 프라티아사무파다 Pratītyasamutpāda)적 관계 속에서 드러난 사건들의 과정구조인 것이지, 독립적으로 실재하는 것이 아님을 알아차립니다. 때문에 구조는 불변하는 것이 아니고 항상 인연과 조건을 따라 흐릅니다. 이것을 알아차리면 법을 볼 줄 아는 앎으로 나아가게 됩니다.

알아차림과 비추어보는 인식기능의 깨어남이 '제행무상(諸行無常)'의 이치를 자각하게 하는 지혜 자량의 바탕이 됩니다. 관계 과정구조에 대한 알아차림이 잠시도 놓치지 않고 진행될 때, 우리는 모든 사물과 사건의 흐름을 거울에 비추어지는 사물처럼 비추어 볼 수 있게 됩니다.

기쁜 얼굴이 비추어지든, 슬픈 얼굴이 비추어지든, 성낸 얼굴이 비추어지든, 거울 속에는 기쁨과 슬픔과 화냄이 없습니다. 그것은 호수로도 비유가 됩니다. 호수에 물결이 일면 대상을 비출 수 없지요.

바람이 멈추면 모든 것을 비출 수 있습니다. 그러나 거기에 비추어진 대상이 남지는 않습니다. 즉, '무주심(無住心)-머무는 바 없는 마음' 무심경(無心鏡)을 의미합니다. 거울은 모든 대상을 비출 수 있지만, 거울 속에 대상이 담긴 것이 아니듯, 무심(無心), 무주심(無住心)은 그와 같은 정신적 인지의 지경을 의미합니다.

여섯 번째. **'올바른 앎**(Understanding)'-일체 현상은 개체가 독립적으로 있는 게 아니고 연기적 관계 속 사건으로 있음을 분명하게 알게 됩니다. 우리의 인식세계는 비교되고 대립되어 드러난 쌍의 개념화된 이분법의 세계입니다.

이미 앞장에서 논구된 대립 개념의 쌍으로 인지하는 뇌 인식 구조를 상기하시기 바랍니다.

큰 것은 작은 것을 전제로 인식한 것이고, 플러스는 마이너스를 전제로 한 것입니다. 인식되는 모든 것은 이러한 대립 개념의 상관관계 속에서 드러나는 것이지, 독립적으로 있는 것이 아닙니다.

우리의 심, 의, 식은 자연선택의 압력에서 살아남고자 '대립 관계의 인식 구조'로 진화되었다고 했지요. 사람의 무의식계를 이루는 제8아뢰야식의 인식 방식이 그러하다는 겁니다. 이것을 올바르게 볼 수 있을 때 우리는 바른 앎을 이루게 됩니다. 초기불교의 기본 텍스트 '아비담마' 핵심 가르침에 '마음은 대상 없이 일어나지 않는다'라고 하였지요.

일어난 마음 작용은 항상 대립되는 대상이 있기에 일어나는 인식이므로, 좋아함은 싫어함으로 일어난 심소의 파장이라는 것을 알아차림으로 올바른 앎을 이루게 됩니다. 그것이 법성(法性)을 보는 '올바른 앎', 즉 정견(正見)을 이루는 바탕입니다.

일곱 번째. **'함(doing)'**-이러한 올바른 앎을 토대로 우리의 모든 행위가 법을 보고, 행할 수 있도록 합니다. 그것이 금강경에서 말하는바, '응무소주 이생기심(應無所住 而生其心)'입니다. 풀어서 말하면 '슬플 때 슬퍼하라, 기쁠 때 기뻐하라, 화날 때 화내라' 그러나 슬픔에도, 기쁨에도, 화냄에도 머무르지 말라는 말입니다.

무소주(無所住), 즉 무주심(無住心-머물지 않음)입니다. '머무르지 않는 힘'은 무주심으로, 즉 시비심(是比心), 간택심(揀擇心), 증애심(憎愛心)에 머물지 말고 수행 주제에 따라 들어가, 몰입하는 힘이 지켜보는 힘으로 증장되어 변화를 있는 그대로 알아차림으로써 행동하는 '함'을 의미합니다.

변화는 진화의 동력인입니다.

자연선택 압력에 의해 우리는 선택하고, 선택의 방식이 대립된 쌍으로 인식 판단하게 진화했다는 진화생물학자들의 견해가 있었지요. 그것은 관계 속에서 이루어지는 작용이기에, 이 마음의 파장은 저 마음이 기저에 있기에 일어난 심소의 파도임을 알아차림이, 지켜보는 힘에 의해 지속될 수 있을 때 심경이 형성됩니다. 이러한 심경의 바탕으로 이루어지는 함(doing)이 반야바라밀이 됩니다. 반야는 깨우침으로 공존에 대한 자각이며, 이때 행하여지는 일체 행은 바라밀이 된다는 이야기입니다.

이러한 함은 칠레 출신의 인지생물학자이자 철학자인 움베르또 마뚜라나의 '함'의 개념과는 조금 차이가 있을 겁니다.

이상적 함은 나와 나 이외의 자연 생태계가 둘이 아님을 자각한 행위가 공동체에 중요한 '함'이 된다는 것입니다.

　매 순간 '파와FAWA(따롤지알)'의 챙김이 지속됨(feed-back)으로 함양된 심력(心力)으로 행하여지는 행(行)이 '루드RUD(비앎함; 봄-앎-함)'로 이행됩니다. '파와-루드(FAWA-RUD; follow, attention, watchful, awareness, reflection, understand, doing)'입니다. 한마디로 반야바라밀의 행이 되는 것입니다.

　이것이 마음과 몸을 같이 닦는 '심신쌍운(心身双運 body and mind coupling practice)'의 길이요, 정과 혜를 같이 닦는 '정혜쌍수(定慧双修)'의 길이 된다고 여깁니다.

　쌍운(双運), 쌍수(双修)는 양방향의 상관관계입니다. 즉, 정(定)에서 혜(慧)로, 혜에서 정으로 상호작용이 쌍운의 운전법이라는 것이죠.

3) 불교적으로 보는 윤회의 주체-경량부의 종자설

공생(symbiosis)은 생태계에서 필연적으로 나타나는 진화의 도약현상을 설명하는 데 유용합니다.

잠시 앞장에서 말씀드렸던 공생설(symbiosis theory)을 잠깐 더듬고 불교적 윤회설을 말씀드리겠습니다. '세포 내 공생설(Endo-symbiosis theory)'은 서로 다른 성질의 원핵생물들이 자연선택의 압력에서 생존을 위한 하나의 방식으로, 내부공생을 통해 진핵생물이 되었다는 이론입니다.

그런 연구는 다른 원핵생물에게 먹힌 원핵생물이 소화되지 않고 남아 있다 서로 공존하는 것이 유리하므로 공생하게 된 것으로 추정합니다. 이것은 린 마굴리스가 발표한 겁니다.

일반적인 세포 소기관과 달리 이들이 세포 내 다른 핵의 지배를 받지 않고 자체 DNA를 가지면서 필요한 효소 일부를 자가 합성할 수 있다고 합니다. 독자적 행동을 할 수 있는 미토콘드리아와 엽록체의 유사성에 착안하여 그들의 기원을 설명하는 것이 세포 내 공생설입니다.

미토콘드리아는 호기성 세균이나 세균이 아닌 리케차에서, 엽록체는 호기성 광합성 세균에서 유래했다고 합니다. 오늘날에도 두 세균의 공생을 화산

지역에서 볼 수 있다고 합니다. 공기에 가까운 층에는 '호기성 광합성 세균'이 '혐기성 세균'의 공기 노출을 막아주며, 공기에서 먼 아래쪽 층에는 '혐기성 화학합성 세균'이 층을 이루어 '호기성 세균'에게 유해한 물질을 차단하며 서로 공생 관계를 형성한다는 겁니다.

이 공생설은 공존하는 지구 생태계를 정밀하게 연구한 결과입니다. 이것이 불교 세계관과 맞물려 문화적으로 공명을 일으키는 내용이라고 봅니다.

미토콘드리아가 우리를 바꾸는가? 아니면 다른 무엇이 있는가?

여기서는 불교적 입장에서 윤회와 업의 주체가 무엇인지 살펴보겠습니다. 다소 지루한 이론적 전개와 생소한 개념어들이 거론되니, 집중하셔서 이해하여야 합니다.

붓다께서 돌아가시고 나서 나온 이론들을 보면, 윤회, 업, 카르마의 주체가 무엇인지를 논파하는 것이 중요한 논쟁의 쟁점이었습니다. 설일체유부, 경량부 등의 학파들이 있었는데, 설일체유부는 모든 것이 존재한다는 입장에서 설명합니다. 그러니 업(業)을 지니고 윤회(輪回)하는 어떤 것이 있다는 이론을 주장합니다.

반면 경량부는 유부의 논점을 비판하면서, 대안으로 종자설(種子說, (bija theory)을 제안합니다. 씨앗, 혹은 종자를 산스크리트어로는 비자(bija)라 합니다. 그래서 경량부는 비자설[58]을 제안하는데, 유부의 체계에서 실 유법으로 분류되는 것에 비해, 경량부의 종자는 어떤 불설에도 들지 않는 비유적 가설이었습니다.

---

58) 「초기부파불교연구」법경 서성원 논문모음; 비자설. 종자설; 상속 전변 종자, pp.179~198.

그러나 종자는 실물 씨앗을 연상시키고 잠재적 힘과 미래의 가능성을 내포한다는 의미이므로, 단순한 비유 이상의 의미를 가지게 되었습니다. 아비달마구사론[59]에서 이 종자설은 번뇌와 업력 문제를 중심으로 자연스럽게 전면에 등장하여 비유적 명칭이 되었습니다.

우리가 번뇌를 버리든 버리지 아니하든 번뇌의 득이 나타나거나 소멸된다는 그런 설일체유부의 사고를 부정하고, 번뇌의 포기를 소의(인식이 생겨나는 근거 또는 원인)의 상태로 설명하는 상태에서 종자설이 도입됩니다. 즉, 번뇌의 버림과 버리지 않음은 소의의 특정한 상태에 달려 있다는 겁니다. 성자에게는 도의 힘에 의해 소의, 즉 알라야(8식)가 변화되어 과거와 바뀌게 된다는 겁니다.

도의 힘에 파괴된 번뇌는 다시 나타나지 않는다는 의미인데, 불에 탄 씨앗이 발아하지 않듯이 성자의 번뇌도 그렇게 단절된다는 겁니다. 그의 소의는 번뇌를 발생시키는 종자를 더 이상 지니지 않기 때문입니다.

> 종자는 이와 같이 별개의 어떤 실체가 아니고 잠재상태의 어떤 힘, 결과를 발생시킬 능력(samartha)을 가진 명색(名色)이다.
>
> 종자란 상속의 전변 차별을 통해 직접 혹은 간접적으로 결과를 상기할 능력을 가진 명색을 의미한다(Kosa II, 18쪽).
>
> 종자란 앞의 번뇌에서 생겨나 [뒤의] 번뇌를 일으키는 힘(sakti), 개체를 이루는 인격에 속하는 힘을 의미한다. 마치 어떤 개인에게 [이전의] 지각적 지식에 의해 생긴 능력이나 상시 할 수 있는 능력이 있는 것과 같고, 식물, 새싹, 줄기 등에 속하는 쌀을 산출할 능력이 [이전의] 벼종자에 의해 생기는 것과 같다(Kosa V, 6~7쪽).

---

59) 《아비달마구사론》(阿毘達磨俱舍論)은 4세기 인도의 세친 스님이 지은 불전이다. 약칭하여 《구사론》(俱舍論)이라고도 부른다. 세친 스님과 그 맏형인 무착 스님은 중기 대승불교인 유식불교를 창시한 스님이다. 유식불교는 7세기 당나라 현장 스님이 경전을 한역해 오면서 당나라에 법상종이 유행하게 된다. https://ko.wikipedia.org/wiki/

내용이 이해되십니까? 풀어 말씀드리죠. 경량부설이 후에 유식철학으로 발전해 가게 됩니다. 그 사이에 중관체계가 있습니다. 용수보살(나가르주나·나가르주나 龍樹150년~250년경)의 중관철학은 경량부 철학과 어울리며 발전하고, 그 후에 유식철학으로 더 발전합니다.

그런데 지금도 발전해야 하겠죠. 미토콘드리아 이론과 종자설은 무엇이 같고, 무엇이 다른지 밝혀야 합니다. 분명한 것은 생물학적으로 우리 몸의 사대가 흩어져도 미토콘드리아는 안 죽고 살아남는다는 것입니다. 미토콘드리아는 지렁이한테 갈 수 있고, 땅강아지에게 갈 수도 있습니다.

인간이 소리를 기록하려 할 때, 처음에는 레코드판으로 기록했죠. 그런 방식으로 그 당시에 말한 겁니다. '뇌 파장' 같은 개념으로 종자설 이론을 세운 것 같습니다. 요즘에는 뇌의 사고가 측정 가능한 뇌파(EEG)로 기기를 통해 나타납니다.

우리 뇌가 기뻐하면 뇌파로 나타나는데 이것을 화면으로 볼 수 있습니다. 화가 나면 화가 나는 뇌파가 나오고, 슬퍼하면 슬픈 뇌파가 나옵니다(지금은 그것을 볼 수 있지만 과거엔 볼 수 없었죠).

종자설은 물질도 아니고 마음도 아니라 합니다. 그럼 뭐냐고 물으면 대답이 애매하죠. 그러나 말하자면 '파장형태'라고 비유할 수 있습니다. 종자라는 건 물질적 개념이죠. 그런데 물질이 아니랍니다. 마치 소립자가 파동이나 입자로 관찰될 수 있는 것처럼 말입니다. 그리고 과학에는 반물질(antimatter)[60]

---

60) 1928년 폴 디랙의 디랙 방정식으로부터 반물질의 존재가 예견되었고, 1932년에는 칼 앤더슨에 의해 반물질을 구성하는 반입자 중 하나인 양전자가 실제로 발견되었다. 더 무겁고 복잡한 반입자인 반양성자는 1955년 가속기 실험

의 개념이 있습니다.

'멸진정'에 이르면, 심근이 끊어져 마음을 못 느끼게 되고 '심정지(心靜止)'가 일어납니다. 그럼 그때는 살아있는 건가요, 죽은 건가요? 그때 사람은 죽은 듯 보이나 선정(禪定)에서 나오면(출정, 出定) 다시 살아납니다.

이때 '선정에서 깨어난 마음은 그 전과 같으냐, 다르냐?'가 논쟁거리가 될 수 있습니다. 그 입장에 나온 설이 '종자설'입니다.

거울에 비추어보는 경우, 모든 것이 보이지만 대상은 거기 머무는 게 아닙니다. 거울은 모든 것을 비추고 알아차릴 수 있지만 사물을 담을 수 없지요! 거울이 없었을 때는 호수로 비유했습니다. 우리의 마음에 바람이 불면 신구의 삼업(身口意 三業)을 짓게 되고, 그럼 파장이 생기죠. 마음의 파동, 즉 심파(心波)가 발현하면, 마치 호수에 바람이 분 것처럼 되죠.

호수가 잔잔하지 않으므로 거기에 비치는 대상들이 흐려집니다. 그러나 호수가 잠잠해지면 모든 것이 보이죠. 그러나 거울이나 호수 표면에 사물이 담겨있는 건 아닙니다. 이때 실체는 없지만 이미지는 있죠. 그러므로 '있다, 없다'의 개념으로 설명이 안 됩니다. '있다, 없다'는 상대 개념은 우리의 일반적 인식방법이지만, 그렇게 보지 말고 있는 그대로, 불안(佛眼-부처의 안목)으로 봐야 합니다.

중도관(中道觀)은 '있는 것이 없는 것이고, 없는 것이 있는 것'입니다. '있다'는 개념은 '없다'는 개념으로 일어난 심소들이기에 실체가 따로 존재하는 것이 아니라는 것입니다. '살았다, 죽었다'도 마찬가지입니다. 양변을 떠나 중

을 통해 존재가 입증되었고, 반중성자는 1956년 캘리포니아대학 베바트론에서 6.2GeV에너지 충돌 실험 중에 발견되었다. https://namu.wiki/w/반물질.

도관으로 보라는 것입니다.

앤드류 뉴버그는 그렇게 벗어나서 거울같이 되는 상태를 '유니타리 컨티넘 (unitary continuum, 일체 연속체)'[61]이라 했습니다. 이 용어는 일반적으로 잘 안 알려져 있습니다만, 요즘 뇌과학계에서는 많이 알려진 용어입니다.

앤드류 뉴버그가 말하는 유니타리 컨티넘 같이 완전히 의식 작용이 끊기는 상태에 드는 것은 불교에서만 이루어지는 것은 아닙니다. 기독교에도 나타나고 종교인이 아닌 경우에도 나타납니다. 이것은 히포캠퍼스(hippocampus)와 코텍스(cortex), 즉 해마와 전두엽의 극적인 관계에서 나타납니다.

코텍스의 스트레스가 어느 한계치 이상에 도달하면 전두엽과 해마의 관계에서 호르몬이 안개처럼 분출되어 퍼지는 순간 전두엽은 아무것도 인지하지 못합니다. 시공이 끊어지고 판단 인식작용이 끊깁니다. 거기까지 가기가 어려운데, 일단 거기 도달하면, 우리의 뇌는 아무것도 인지하지 못 하는 상태를 경험합니다.

'무아론(無我論)'을 받아들이는 자들은 이것을 '무아'의 경험이라 하고, 기독교에서는 '성령을 받았다'라고 합니다. 각각 자기가 믿는 체계가 뭐냐에 따라 같은 경험인데도 다른 표현을 하게 되는 겁니다.

앤드류 뉴버그는 '같은 생리적 체험의 인지 결과가 왜 다른가'를 조사했는데, 무엇을 믿어 왔느냐에 따라 말 표현을 달리하게 된다는 사실을 밝혀냈습니다.

신을 믿으면 그것은 신에 대한 체험이고, 무아(無我)를 믿으면 그것은 무아 체험이라는 겁니다.

---

61) 『신은 왜 우리 곁을 떠나지 않는가』 앤드류 뉴버그 외, 이충호 옮김, p.171; 마음은 순수하고 아무런 조명도 없는 인식상태에서 자아도 없이 존재한다. 주체와 객체를 초월한 인식상태인 이러한 순수한 마음상태에 대해 유진과 나는 궁극적인 일체의 상태를 뜻하는 "절대적 일체상태 Absolute Unitary Being[unitary continuum]"라는 이름을 붙여 주었다. 의식은 비록 그 메커니즘은 다소 다르더라도 모든 뇌를 일체상태로 몰아갈 수 있다. 두 경우 모두 리드미컬한 행동은 정위 영역으로 들어오는 신경정보의 흐름을 차단하는 효과를 나타냄으로써 일체의 상태에 이르게 한다. 우리는 이러한 스펙트럼을 일체연속체(Unitary Continuum)라 이른다.

왜 이 이야기를 하는가?

명경지수 같은 멸진정을 경험하면, 즉 수행을 통해 궁극적 경지에 들어가며, 일체지가 거울에 비추듯이 알아집니다. 삼명육통이 열리는 경지가 된다고 합니다. 모든 것이 끊어지면서 과거와 미래를 보는 힘이 생깁니다.

종자설을 읽어가며 말씀드리겠습니다. 이것을 쓴 분은 법경스님인데, 호진스님과 파리 소르본 대학에서 공부했습니다. 이분들만큼 체계적으로 설명하는 분들을 보지 못했습니다. 이분들은 정확하게 고대 텍스트를 근거로 설(說)합니다.[62]

앞에서 살펴본 것처럼 '종자(bija)'란 상속의 전변 차별을 통해 결과를 만드는 명색(나마루파, namarupa)이 있다는 겁니다. 종자는 별개의 실체가 아니고 결과를 만들어낼 수 있는 잠재상태의 힘입니다.

지금 법문으로 하는 것을 녹음해서 재생시키면 거기에 뜻을 담은 소리가 나옵니다. 그것을 뭐라고 하여야 하나요? 물질이라 해야 하나요, 무엇이라 해야 하나요? 그러니 '물질이다, 물질이 아니다'를 분명히 구분하는 경계가 의미 없어집니다.

유명한 모네의 수련 그림을 보신 분들 많을 겁니다. 가까이에서 그림을 보면 '이게 뭘 그린 거야?' 하고 생각하게 됩니다. 붓으로 물감을 막 찍고, 터치한 것 같아서 구분이 안 됩니다. 그런데 10미터 떨어져서 보면 '아, 연꽃이네!' 하고, 사물이 보입니다. 가까이 가면 안 보이고요. 그렇게 그린 의도가 무엇일까요?

---

62) 종자설, 상게 법경스님 논문, pp.185~198.

그는 '경계의 불명료함'을 표현한 겁니다. 수련이라는 대상을 통해서요! 당시 프랑스 살롱-카페에는 과학자, 생물학자, 화가, 작가들이 모여 차 마시면서 떠드는 문화가 있었습니다. 그때 가장 유행하던 문화의 흐름은 지금 이 주제, 바로 '비트윈(between)'의 주제입니다.

생과 사의 사이, 큰 것과 작은 것 사이를 다루고 있었죠. 누군가 말합니다. '내가 책을 봤는데, 붓다란 사람은 이렇게 이야기하더군.' 또 한 사람이 말합니다. '타오이즘(Taoism)에서는 이렇게 이야기하던데.' 이런 이야기를 하면서 담론을 형성하고 떠들었던 것입니다. 모네는 당시의 화두를 그림으로 그렇게 표현한 것이라 봅니다.

제가 1998년도에 파리에 갔을 때, 그곳 예술계 주제도 '다시 연구된 비트윈'이었습니다. "비트윈이 뭐지? '틈'이고 '사이'이지! 이것과 저것 사이, 과거와 현재 사이, 생과 사의 사이를 이야기하는 거구나"라고 인지했습니다. 모든 작품이 그 관점으로 재조망되었던 겁니다.

당시 프랑스에는 한국의 도자기 작가이신 양승호라는 분이 있었는데, 그분이 저를 초청하였어요. 어느 날 그가 어디 가서 비어있는 농장 울타리를 잘라 오더니 그게 '비트윈'이라 합니다. 20~30년 전에는 농장에 철조망 쳤잖아요!

철조망 칠 때 말뚝을 박았는데, 이게 살아서 뿌리를 내리더니 철조망을 감싸 버렸어요. 그래서 나무 속에 철조망이 박혀있게 되었는데, 그걸 가져온 겁니다. '이게 비트윈이야!'라는 겁니다. 와닿았죠!

도자기를 굽는데, 철조망을 도자기에 통과시킵니다.

'이게 뭘 거 같으냐?' 물어요. 그래서 제가 말했죠. '이거 제목 내가 짓는다! 쓰리 포인트 에잇 라인(3.8 line).'

그랬더니 웃더군요. 무슨 이야기인지 와닿으시나요?

삼점팔.

삼팔선!

이 작가는 프랑스에서 활동하는 한국 사람이니, 우리의 과거 현실을 작품으로 표현한 것입니다. 우리는 양분되어 있는 '사이'에 있다! 그게 우리나라 현실이니까요. 그것이 삼팔선이잖아요. 나중에는 바꾸었어요. '6·25'로 바꾸어서 그렇게 발표했어요. 히트쳤죠.

양 작가의 도자기는 곰보빵 표면 같습니다. 지구가 처음 생길 때 화산이 갈라지듯 도자기를 구워요. 논바닥 갈라진 것 같은 거친 표면은 태초의 화산 활동으로 형성된 땅을 상징합니다. 이것을 한 장 두 장 합치니 논이 됩니다. 그런 트임기법으로 생태계의 처음 지구 표면과 같은 차원을 다루고 있습니다.

경계가 구분될 수 없음이지만 경계 지어진 현실을 상기시키면서요!

종자는 이와 같이 별개의 실체가 아니고 잠재상태의 힘을 가졌음을 가리킨다. 명색은 인간 존재의 구성요소로서 오온(五蘊) 전체, 또는 의식을 수반하는 4원소를 말한다. 명색은 안이비설신의(眼耳鼻舌身意)의 조건이 된다.

육처는 감각 영역이면서 존재의 기초적 구성요소이다. 소의를 말할 때 우리는 유부의 프라티설을 배격하고 소의 상태에서 번뇌의 문제를 해결하려 하는데 소의는 성, 범의 번뇌 종자가 거기 있느냐 없느냐에 달렸다.

이렇게 복잡하게 이야기하죠. 잠자는 상태에서의 번뇌는 '드러나지 않은 번뇌'이고, 깨어난 상태의 번뇌는 '드러난 번뇌'입니다. 그래서 번뇌라 했든, 뭐라 했든 그것이 우리의 종자로 나온다는 것입니다.

요즘은 이것을 뇌 배선(rewiring brain)과 DNA특성으로 인식합니다. DNA

안에 인간의 특성, 피부색, 눈색 등이 다 있죠. 내가 그것을 받아, 그것이 발아되는 겁니다.

그럼 DNA는 안 없어지고 계속 있는가? 이것이 중요한 질문입니다.

유전자 배열 속성이 물질로서 상속되는가?

정신이 상속되는가?

어떻게 전변이 이루어지는가?

이 질문에 답을 해야 합니다. 미토콘드리아도 엽록소도 DNA 염기서열이 있습니다. 그 서열에 의해 특수성이 결정됩니다. 무엇인가 상속되고 전변되고 다음으로 넘어가는데, 그것은 무엇인가?

업(業, karma)이란 우리가 지은 행위로 인해 나의 몸과 마음에 내재된, 나의 특성이 나타나는 힘(energy)이라고 저는 봅니다.

내가 죽고 자식이 태어나면 자식은 나의 DNA 특성을 나타내죠. 그런데 업은 그것만이 아닙니다. 현대 생물학적 개념으로 후천적으로 발생하는 '후성유전학(後成遺傳學, epigenetics)적 부분'이 있습니다. 부모로부터 받은 게 전부가 아니고, 살면서 학습하며 바뀌는 후성유전 부분이 있다는 겁니다.

'늑대소녀'[63] 케이스를 보면, 인간 아이가 늑대 사이에서 자라 늑대 짓을 했죠. 아이를 구출해서 인간이 되도록 학습시켰지만 결국 실패했다는 겁니다. 인간과 늑대는 유전자가 다른데 어떻게 인간이 늑대에게 동화되었는지가 의문인데, 여기서 후성유전학의 문제가 제기됩니다. 환경의 영향에 의해 업력(karma force)이 달라진다 할 수 있는 거죠.

---

63) 늑대소녀: 처음 두 아이는 육체만 인간이고 행동은 늑대와 흡사했다. 사지로 기어 다니고 짐승의 생고기만 입으로 뜯어먹고 늑대 모양으로 소리를 지르되 늑대 소리와도 다르며 사람의 말소리도 아니었다. 교육자들과 목사 부부가 사람답게 만들려고 애를 썼지만 한 명은 1년 만에 죽고 다른 한 명은 9년밖에 더 살지 못했다. 그나마 9년 동안 배운 것이라고는 단어 45개와 포크를 사용해 음식 먹는 방법이다. https://instiz.net/pt/769499

그런 차원에서 우리는 지금 함께 또 다른 업의 장(karma field)으로 가고 있다고 볼 수 있는 것입니다. 이것을 '공업(共業) 중생의 업(業) 전변(傳變)'이라고 합니다.

　서울에 가야 할 때 서울 가는 법에는 기차나 자동차로 가는 법, 걸어가는 법, 자전거 타고 가는 법 등 여러 방법이 있죠. 그중에 가장 좋은 게 뭐죠? KTX가 빠르고 좋죠. 그렇게 우리는 무엇인가를 하는 데 최선의 방법을 모색하고 정보를 공유합니다. DNA에는 정보가 들어있습니다. 서울 가는 데는 KTX가 좋다고요. 그런데 KTX를 모르면 '통일호'를 타고 가게 됩니다.

　그게 뇌의 뉴런 세포가 연결되는 인식방식인 '배선'입니다. KTX에 관한 정보를 접해서 그것에 대한 최적 선택에 대한 정보의 배선이 생기면 '통일호'가 아닌 KTX를 타게 되는 겁니다. 새로운 정보를 얻거나, 공부를 하거나 수련을 하면 새로운 뇌에 새로운 정보의 배선(wiring)이 형성됩니다.

　그것이 불교적 해석에서, 우리 업(業, karma)의 코드가 바뀌는 겁니다.

　지구를 벗어나면 깜깜하다는데, 우주를 이루고 있는 물질의 90퍼센트가 '암흑물질'[64]로 되어 있고, 그것의 구성성분은 아직 아무도 모른답니다.

　저의 이야기는 이것입니다. 우리의 업은 변할 뿐이지, 어딘가에 '함장'되어 있다는 겁니다. 그러다 업력의 코드가 맞으면 드러나는 것입니다. USB에 있는 정보들은 오랜 세월 보관되다가 훗날 누군가에 의해 컴퓨터에 장착되면 정보가 나타나죠. '암흑물질'이나 지구 생태 가이아 차원에서 그런 일을 한다고 볼 수도 있지 않은가 라고 추측합니다.

------

64) 암흑물질(dark matter); 암흑물질을 구성하고 있는 "입자"의 정체를 모른다. 암흑에너지; 마이클 터너가 1998년 즈음에 처음 사용했다. 물질도 아니고 빛에너지 같은 것도 아닌, 모종의 상태에 있는 알 수 없는 에너지라는 뜻이다. 우주 공간은 5%의 보통의 물질과 25%의 암흑물질, 70%의 암흑에너지로 채워져 있다. https://namu.wili/w/암흑물질.

이것은 순수한 저의 추론입니다. 암흑물질, 에너지가 무엇으로 이루어지었는지 모르지만, 거기에 우리의 기록이 있을 수도 있습니다. 우리의 업이 어디로 사라지는 게 아니고, 업장(karma-field)은 흐르고 있다고 봅니다.

뉴턴이 '중력 공식'을 만들면서 인류의 사고방식이 바뀌었다고 했죠. 이러한 '중력장(gravity field)' 개념처럼, '업력장(業力場 karma field)' 개념이 존재합니다. '카르마 필드' 안에서 우리는 우리가 지은 것을 되받습니다. 그러나 학습을 통해 인자의 장이 변하면 새로운 업데이트가 이루어집니다.

그 변화는 불교적 수행, 반야바라밀의 행으로 이루어지죠.

저희는 '선 명상'과 '붓다요가'라는 통합적 간화선 수행체계로 가지고 있습니다. 저는 그것을 위해 '일곱 가지 수행 도구'를 정립한 것이고요. 선 명상 수행법으로 수행을 하되, 다음과 같은 말을 음미해 보세요.

We cannot stop the waves, but we can learn the surf.
(우리는 밀려오는 파도를 멈추게 할 수는 없다. 그러나 파도 타는 법을 배울 수 있다)

파도 타는 법을 못 배우면 업의 파도에 휩쓸리지만, 파도 타는 법을 배우면 업의 파도를 즐기게 됩니다. '고(苦)'가 왔을 때, 이것은 '한 번의 꼬임이다. 이 한 번의 꼬임을 잘 지켜보고 알아차리면, 부정적인 업력이 배제되고 수용됩니다.

문제를 있는 그대로 잘 살펴보는 태도를 갖고, 알아차림을 바탕으로 한 '따몰지알'의 수행 기법으로 녹이면 문제가 풀립니다. 그렇게 꼬인 것이 한번 풀리면, 더 강한 '자기 업데이트'가 이루어지는 것이죠.

이렇게 문제를 해결하는 것을 벤슨 박사는 '브레이크아웃(break-out)'[65]이라 명명했습니다. 불교의 주요 목표는 브레이크아웃, 즉 '뇌의 진화를 일으키는 것'이라 하겠지요.

업은 업력장을 형성합니다. 우리는 공생 관계에서 지은 '공업(共業)'을 잘 풀어야 합니다. 그것을 푸는 과정의 하나가 '이 순간을 자각하며' 존재하는 것입니다. 이러한 통찰의 지혜를 배워, 현재의 흐름을 조망하며, 우리 자신을 업데이트하는 지혜 자량을 갖추어야 합니다.

이 부분의 다른 연구로 현대철학과 불교사상에 대한 통찰로 인지과학의 새로운 지평을 연 프란시스코 바렐라의 저술 중 참고할 만한 부분을 함께 나눕니다.

업의 바퀴(Wheel of Karma)

깨달음을 얻기 전날 부처님은 온들의 덧없음뿐만 아니라 경험을 고정적이며 영속적인 자아에 안착시키려는 끝없는 노력으로 점철된 인생의 전 체계, 즉 이런 순환패턴을 구성하는 인과의 전 체계, 각각이 서로에 의해 구속되고 서로를 구속하는 습관적 패턴의 순환적 구조, 다시 말해 우리는 제약하는 사슬 또한 발견했다고 한다.

이런 깨달음은 산스크리트어로 프라티아사무파다(Pratītyasamutpāda), 연기(緣起)인데, 글자 그대로의 의미는 "여러 방식으로 발생(samutpāda)하는 조건들에 의존함(pratītya)"이다. 이 용어가 우리의 생각을 가장 잘 표현하며, 사회로서의 마음의 맥락에 그리고 변화하며 반복적인 온들의 창발성 맥락에 가깝기 때문에 우리는 상호의존적 발생이라는 용어를 쓰겠다.

이 순환적 구조를 인생 바퀴(Wheel of life) 그리고 업의 바퀴(Wheel of Karma)라고 부

---

65) 『나를 깨라! 그래야 산다(The Breakout Principle)』, 허버트 벤슨, 윌리엄 프록터 공저, 장현갑 옮김, 학지사.

른다. 업(業, Karma)은 불교 발생 이전, 이후를 막론하고 엄청난 양의 학문적 연구가 집중된 긴 역사를 가진 주제다. 업이라는 말은 또한 현대 영어 어휘에서도 발견되는데, 이 말은 영어에서 보통 운명(fate) 또는 예정(predestination)이라는 말과 동의어로 쓰인다. 이것들은 분명 불교에서 쓰이는 업이라는 말의 의미는 아니다. 업은 심리적 인과성, 다시 말해 습관이 어떻게 형성되고 긴 시간 동안 지속하는가, 하는 것을 기술하는 데 쓰이는 말이다.

인생 바퀴의 묘사는 업의 인과성이 어떻게 작용하는가를 보여줄 의도로 만들어진 것이다. 인과성에 대한 강조는 지관의 전통에 핵심적인 것이며 우리의 현대과학적 감각에도 잘 맞는 것이다. 그러나 지관 전통에서는 법칙성이라는 외적인 인과성이 아니라 직접적 경험에 대한 인과적 분석에 관심이 집중된다. 이 관심은 또한 실천적이다. 인과성에 대한 이해가 어떻게 조건화된 마음의 구속을 부수고(이것은 예정된 운명으로서의 업의 통상적인 개념과는 사뭇 다른 개념이다) 자기집중과 통찰을 증진시키는 데 이용될 수 있는가?

— 프란시스코 바렐라 외, 『몸의 인지과학(The embodied mind)』, 김영사, 229~230쪽.

4) 명상의 효과에 대한 연구-하버트 벤슨 박사의 이완반응

하버드의대 하버트 벤슨 박사 연구에 관해 살펴보고 질문받겠습니다.

허버트 벤슨(1935~)은 하버드의대를 졸업한 미국의 심장전문의로서, 하버드의과대학에서 조교수로 재직했다. 보스턴의 매사추세츠종합병원(Massachusetts General Hospital)에서 심신의학연구소(Mind/Body Medical Institute)를 설립하였고, 현재는 벤슨헨리연구소(Benson-Henry Institute) 명예소장(director emeritus)이다.

1968년 벤슨은 하버드의대 실험실에서 원숭이를 대상으로 스트레스와 혈압의 상관관계를 연구하고 있었다. 그때 초월명상(Transcendental Meditation, TM) 수행자들이 찾아와 초월명상 수련으로 스스로 혈압을 낮출 수 있는 능력을 갖추게 되었으니 자신들을 실험 대상으로 삼아달라고 간청한다. 그들의 끈질긴 부탁으로 벤슨은 명상에 대한 연구를 시작하게 되었다. 초월명상 수행자들의 호흡률에서부터 뇌파까지 여러 가지 생리학적 기능을 관찰하였다.

측정은 명상에 들어가기 전 20분 동안, 명상을 하는 20분 동안, 명상이 끝난 직후 20분 동안 진행하였다. 명상에 들자마자 심장박동률, 산소섭취율, 일산화탄소 배출률, 혈류 속의 유산염 수준은 급격히 줄었다. 이완의 지표가 되는 전기 피부 저항이 4배로 증가하였고, 명상 기간 동안 알파파가 두드러진 것을 발견하였다. 이 연구에 힘입어 그는 1975년 하버드의대부속병원에서 일반인을 대상으로 '이완반 응법'을 스트레스 관련 치료에 도입하게 된다.

벤슨은 2003년도 저술에서 본격적인 명상의 효과에 대한 연구를 보다 광범위하게 진행한다. 이를 브레이크아웃 원리(Breakout Principle)라는 한마디로 표현하는데, 브 레이크아웃(breakout)은 '고장', '실패'를 의미한다. 이는 이전에 지속되었던 정신적 패턴, 즉 스트레스나 정서적 외상과 충격까지 완전히 부서지고, 새로운 마음의 세 계로 들어가는 문이 활짝 열리는 강력한 심신 충격을 말한다.

브레이크아웃 원리는 분자적, 생화학적, 신경학적 수준에서의 연구로 벤슨이 하버 드대학에서 30년 이상 연구 끝에 근본적으로 자신을 변화시킬 수 있는 원리가 가 능하다는 것을 발견한 것이다. 브레이크아웃 원리는 보다 왕성한 활동성, 더욱 향 상된 창의성, 작업 생산성의 증대, 최상의 운동 수행력, 영성을 개발하는 이점이 있다.

불안과 스트레스와 관련된 정서적 부담 또는 반복적인 강박과 같은 해결되지 못 한 파괴적이고 부정적인 사고 패턴을 브레이크아웃 원리로 완전히 없앨 수 있다 는 것이다. 브레이크아웃 원리는 이완반응이 보여주는 스트레스 감소에 따른 건 강상의 이점까지도 포함한다. 게다가 창조적이고 도약적인 사고, 영적인 통찰, 업 무 수행의 도약적 상승, 운동 수행능력 증진과 같은 새로운 적용 영역으로까지 나 아간다.

이렇게 벤슨 박사의 『이완반응과 브리크아웃(break out)』의 저술 내용을 함 께 공유하며 4강 마칩니다. 질문받겠습니다.

5) 삶의 파도타기-공감능력

제가 몸과 마음에 집중하다 보면 저의 업장의 영향을 받게 됩니다. 저의 심신을 바꾸려고 하는데, 잘 안 되고 몸과 마음이 불편해집니다.

업(karma)의 '파도타기'를 하는 경우, 초보자들이 처음부터 큰 파도를 탈 수 없습니다. 같은 바다인데도 상황에 따라 파도가 전혀 다릅니다. 큰 파도에서 떨어지면 20층 높이 아파트에서 떨어지는 것과 같아서 파도에 쓸려가 죽을 수도 있답니다.

처음에는 작은 파도를 타는 것부터 수련해야 한다는 말입니다.

작은 단위에서 반복 명상수행을 해야 합니다. 파도를 타는 과정에서 근육이 단련되듯, 나도 심력 단련이 되어 심력(心力) 흐름이 명경지수처럼 되어 가는 것입니다. 그러면 있는 그대로의 파도가 보이고, 있는 그대로의 파도가 들리며, 알아차릴 수 있게 됩니다. 그렇게 모든 것이 느껴지지만, 이제 대상에 끌려다니지 않으며 매이지 않습니다.

명상 수행 시 때로는 마치 몸과 마음이 분리된 것처럼 느껴집니다. 선 명상이 깊어지면 전신의 파장이 하나가 되면서 주변 흐름과 '공감각(共感覺, synesthesia)'이 생깁니다. 그렇게 자연 에너지와 공감할 줄 알아야 합니다. 에너지 공감 능력이 커지면, 우리는 업력의 흐름을 더 정확하게 볼 수 있습니다.

공감각에는 생물학적 근거가 있는 것으로 밝혀졌습니다. 그것은 전두엽 피질, 편도체 및 거울 뉴런 시스템(Mirror neuron system)을 포함하여 뇌의 여러 영역을 포함합니다. 전두엽 피질은 감정, 의사 결정 및 사회적 행동을 조절하는 역할을 합니다.

다른 사람의 감정을 이해하고 관점을 취하는 능력인 인지 공감에서 핵심적인 역할을 합니다. 편도체는 감정 처리에 관여하며 다른 사람의 감정을 느끼고 공유하는 능력인 공감의 정서적 요소를 담당합니다.

거울 뉴런 시스템은 우리가 행동을 수행할 때와 다른 사람이 같은 행동을 하는 것을 관찰할 때 모두 발화하는 뉴런 네트워크입니다. 이 시스템은 다른 사람의 감정적 경험을 이해하고 모방하게 해주기 때문에 인지적 공감과 감정적 공감 모두에 관여합니다.

연구에 따르면 유전적 요인이 공감 발달에 중요한 역할을 할 수 있습니다. 옥시토신 수용체 유전자라고 불리는 유전자는 공감, 사회적 행동, 감정 조절과 관련이 있습니다. 또 부모-자녀 관계의 질, 다양한 사회적 상황에 대한 노출과 같은 어린 시절의 경험도 공감 발달에 영향을 미칠 수 있습니다.

요약하면, 공감의 생물학적 기반에는 유전적 요인과 환경적 요인뿐만 아니라 여러 뇌 영역과 신경망이 관련됩니다. 뇌 관련 연구는 공감 발달에 영향을 미칠 수 있는 유전적 요인과 호르몬적 요인이 있음을 보여줍니다. 사회적 결속과 신뢰에 관여하는 호르몬인 옥시토신은 공감각(共感覺, synesthesia) 증가와 관련이 있습니다.

공감은 유전적 요인과 호르몬적 요인뿐만 아니라 다양한 뇌 영역을 포함하는 생물학적 기반을 가지고 있습니다. 이러한 생물학적 과정을 이해하면 공감의 발달에 우리 자신과 다른 사람들에게 어떻게 공감을 촉진할 수 있는지 더 잘 이해하는 데 도움이 됩니다.

그러면 공감 능력 개발을 위해 거울세포 연구를 자세히 살펴볼 이유가 있겠지요. 위키의 내용을 함께 공유하며 보다 세밀하게 공부하겠습니다.

거울신경세포(Mirror neuron cell)는 동물이 특정 움직임을 수행할 때나 다른 개체의 특정한 움직임을 관찰할 때 활동하는 신경세포이므로, 이 신경세포는 다른 동물의 행동을 "거울처럼 반영한다(mirror)"고 표현된다.

그것은 관찰자 자신이 스스로 행동하듯이 느낀다는 뜻이다. 이러한 신경세포는 영장류 동물에서 직접 관찰되었고 인간에게도 있다고 여겨지며, 조류를 포함한 다른 동물에도 있다고 간주된다.

인간은, 거울신경세포와 연관된 지속되는 뇌 활동이 전운동피질(premotor cortex, 운동 앞 겉질)과 하두정 피질(inferior parietal cortex, 아래마루 겉질)에서 나타난다.

거울신경 체계는 '추측'의 주체로 기능한다. 이 신경세포는 다른 사람의 행동을 이해할 때, 모방을 이용해 새로운 기술을 배울 때 중요한 역할을 하리라고 여겨진다. 일부 연구자는 동물들이 거울 체계를 이용해 관찰된 행동을 흉내 내리라고 생각하며, 그런 활동을 이용해 우리의 마음 이론(theory of mind) 기술에 기여하리라고 간주한다. 다른 과학자는 거울신경세포가 언어 능력과 관련되어 있으리라고 생각한다.

1980년대에서 1990년대에 이탈리아의 파르마(Parma)에 있는 대학에서 함께 일하던 자코모 리촐라티(Giacomo Rizzolatti), 주세페 디 펠레그리노(Giuseppe Di Pellegrino), 루차노 파디가(Luciano Fadiga), 레오나르도 포가시(Leonardo Fogassi), 비토리오 갈레세(Vittorio Gallese)는 원숭이가 손으로 물체를 잡거나 세심하게 다룰 때 그런 행동을 조절하는 신경을 연구하려고 짧은 꼬리 원숭이의 하두정피질(아래마루겉질)에 전극을 설치하고 있었다.

연구원들은 특정한 운동을 할 때 그 신경세포가 얼마만큼 활동하는지를 측정하고자 했다. 그 사람들은 원숭이가 자신들이 음식을 집을 때 하듯이 사람이 음식 조각을 집어 올리는 것을 보았을 때 원숭이의 신경세포 일부가 연구원들이 기록한 대로 반응한다는 것을 발견했다.

더 나아가 연구원들은 실험을 이용해 원숭이의 하전두피질(inferior frontal cortex, 아래 이마겉질)과 하두정피질에 있는 신경세포의 대략 10% 정도가 '거울'과 같은 특성이 있으며 손으로 어떤 행위를 하거나 다른 대상의 행동을 관찰할 때 반응한다는 사실을 확인했다.

현재까지 나온 가설로는, 거울신경세포는 그 동물이 다른 동물의 행동을 이해하는 것을 매개하는 역할을 한다. 예컨대, 원숭이 뇌의 거울신경세포는 원숭이가 종이를 찢을 때, 원숭이가 사람이 종이 찢는 것을 볼 때, 모습은 보이지 않지만 종이가 찢어지는 소리가 들릴 때 반응한다.

이러한 세포의 특성 때문에 연구원들은 어떤 행위를 원숭이가 하든지 아니면 또 다른 동물이 하든지와 상관없이, 거울신경세포가 '종이 찢기'와 같은 추상적 개념을 암호화한다(신경에 전달하는 역할을 한다)고 생각하였다.[66]

거울신경세포는 선 명상 수행에 있어 매우 중요한 기능을 하는 뇌세포다.

에리히 얀치의 주장처럼, 반사정신(reflexive mind) 작용은 외부의 실체정보를 거울처럼 비추고, 내부 정신세계에서 재구성하는 데 거울신경세포가 지대한 역할을 한다고 봅니다.

나아가 '구성된 거울상은 내부 반사정신이 밖으로 투사하는 감각적 인지의 정보와 인지된 모델들의 모자이크 사이'의 교환 작용으로 기술합니다. 이러한 논의는 마치 불교적 가르침의 육진(六塵), 육근(六根), 육식(六識)의 상호

---

66) http//upload.wikimedia.org/wikipedia/commons/thumb/1/1a/Gray728.svg/280px-Gray728.

작용으로 일어나는 의식의 작용을 삼사화합(三事和合)이라고 보는 견해와 유사한 것입니다.

　그렇다면 불교적 교의의 중요 부분이 과학적 접근으로 가능하다는 주장에 근거가 됩니다. 선불교에서 가르치는 무심경(無心鏡)의 정신적 작용이 쌍차쌍조(雙遮雙照) 차조동시(遮照同時)의 불이인지(不二認知)로 깨어남이라고, 거울신경세포의 과학적 학리를 근거로 밝힐 수 있습니다.

　'학습의 동물' 인간은 최고급 사양의 미러 뉴런이란 부품 덕분에 지구상에 나타났다고 할 수 있습니다. 말을 하는 것도 인간만의 발성기관과 뇌구조가 없다면 불가능한 동작이며 미러 뉴런이 없다면 아기가 우리의 입술 모양과 소리를 따라 말을 익힐 수 없다는 겁니다.
　미러 뉴런(Mirror neuron)의 또 다른 기능은 다른 사람의 의도를 짐작하는 것입니다. 인간은 어떤 상황에서 한 동작을 보면 대충 다음에 어떤 동작이 이어질지 알 수 있고, 다른 사람의 사소한 동자과 표정, 소리를 듣고도 무엇을 하려고 하는지, 어떤 기분인지 파악할 수 있습니다.

　다시 정리하면 거울신경세포는 특정 움직임을 수행할 때와 다른 개체의 특정한 움직임을 관찰할 때, 모두 활성화되는 신경세포라는 겁니다. 이러한 특성 때문에 "거울"이라는 이름이 붙여졌는데, 인간, 영장류, 조류에서 뉴런의 존재가 확인되었다고 합니다.
　사람에게는 전운동피질(premotor cortex)과 하두정피질(inferior parietal cortex)에서 일관되게 관측되고 있답니다. 거울신경세포가 최근 10년간 신경과학 분야에서 이루어진 중요한 발견 중 하나라고 생각하는 일부 과학자 중 V.

S. 라마찬드란[67]은 거울신경세포가 모방과 언어 습득에서 가장 중요한 역할을 한다고 생각합니다.

관찰되는 뇌 현상의 원인이 되는 어떤 신경세포 하나가 존재하는 것은 아니라고 여겨지며, 전체에 걸친 일종의 네트워크로서 행동을 관찰할 때 활동하는 것으로 보인다는 겁니다. 말씀드린 대로 뉴런들이 연결된 시냅스가 하나의 망으로 구성될 때 그러한 기능, 기억 패턴이 해마에 내장된다는 것입니다.

이 내용의 불교적 교의는 우리의 인지작용의 네트워크가 선지식들의 불이인지[non dual system]의 모드로 작동될 때, 무지(無知)로부터의 깨어남이 이루어진다는 이야기입니다.

---

67) 빌라야누르 수브라마니안 라마찬드란은 인도계 미국인 신경과학자이다. 거울 상자의 발명을 포함하여 행동 신경학을 연구했다. https://ko.wikipedia.org/wiki/V.-S.

6) 선 명상 수행법

저는 여러 나라에서 운전을 해 봤는데, 우리나라에서 운전 잘하면 어디에서도 잘할 거라고 봅니다. 심신쌍운(心身雙運, coupling drive)의 수행법은 자동차를 운전하듯이, 육체와 정신작용이 상호작용되어야 합니다.

전통적인 '지관(止觀) 쌍운도(雙運道)' 역시 이와 같은 원리로 몸과 마음을 서로 상보적으로 닦습니다.

서로를 비추어보는 거울처럼 상호, 상보적 관계로 조화와 통일을 이루는 것을 의미합니다. 마음 집중이 된 만큼 들뜸의 요동이 잔잔해지며, 멈추어지는 만큼 집중이 더 깊어집니다. 그랬을 때 있는 그대로 볼 수 있는 힘이 생깁니다. 마치 잔잔한 호수 표면이 거울처럼 고요해질 때 모든 것을 있는 그대로 비출 수 있게 되는 것과 같습니다. 이렇게 자기 스스로 운전하는 힘을 기르는 것이 명상수행의 기본 원리입니다. 그것을 수행 전통에서 지관 쌍운도라고 합니다.

선 명상 수행법은 명상수행 체계 중 전통 선 수행과 요가 및 초기불교 수행도구들이 통합된 수행체계입니다. 이 세 가지 전통적인 수행법이 서로 상보적으로 작동합니다. 삼각형 세 꼭짓점이 이루는 균형으로 기하학적 안정성을 보여주는 것처럼 말입니다.

앉아서 하는 명상은 기본이고, 지금 이 찰나의 흐름에서도 자기 수행 주제(화두, 만트라)를 가지고, 일상 삶에 적용할 수 있어야 합니다.

사실 이 순간도 지구는 매우 빠른 속도로 움직이지만 우리는 못 느끼죠. 매우 빠르게 도는 선풍기는 날개가 멈춰 있는 것 같습니다. 우리 뇌의 흐름도 엄청나게 빠르게 반사 작용을 일으키면, 거울처럼 심경(心鏡-마음 거울)이 이루어집니다. 대상에 머물지 않으므로 매 순간 바뀌는 대상의 흐름을 있는 그대로 보게 됨을 의미합니다.

인지되는 현상의 흐름이 대립 개념 쌍임을 자각할 수 있어야 깨어 있는 마음을 유지합니다. 대립과 회피를 내려놓고 다가가서, 수용하되 머물지 않는 마음은, 매 순간 스스로 대립 개념의 쌍으로 흐르는 의식을 각찰(覺察, 깨어있는 마음으로 살펴라)하여야 합니다. 이러한 자각을 통해 매 순간 자기 성찰함으로써 우리 인식이 명료해집니다. 그것을 체험하는 과정을 명상, 참선이라 하며, 일반적으로 마음수행이라고도 합니다.

이렇게 자기를 살필 수 있는 힘은 에리히 얀치의 표현으로 '사회 생물학적 미·거시 진화가 사회 문화적 공진화로 진화하는 문화생태계'로 나아가는 동력인이 된다고 보는 것입니다.

쉬운 방법이 없나요?

저는 토굴에서 생활하면서 불을 때기 위해 나무 패는 도끼질을 수년간 했습니다. 어느 보살님은 바느질을 잘합니다. 자기가 잘하는 무엇인가 할 때, 그 일 하나에 집중하는 습관을 들여야 합니다. 매일 법당 앞마당을 빗자루로 열심히 쓸기만 하는 것도 수행이 되지요! 단순한 반복성에서 명료한 집중을 이끌어낼 수 있습니다. 이러한 수행이 탐진치(貪瞋癡)를 꼼짝하지 못하게 합니다. 이른 아침의 산사에서 대나무 빗질이 좋습니다.

실천해 보십시오! 산사 둘레 길을 걸어 다니는 것도 좋습니다. 걸으면서 수행 주제를 지켜보면 더욱 좋습니다. 맨발이면 더욱더 좋고요! 한 가지 생각에 집중을 반복, 되새김하는 것입니다. 걸을 때는 오롯이 걷는 것에 집중하되 발바닥 느낌이나, 호흡 또는 화두 주제에 마음을 온전히 두면 흐트러진 산심(散心)이 제자리를 찾게 됩니다.

Flowing; 따라가기
Attention; 몰입하기
Watchful; 지켜보기
Awareness; 알아차림

따몰지알(WAFA)의 자기 수행 도구로 각자의 수행주제를 따라 들어가, 몰입하고, 대상 주제의 흐름을 지켜보아, 알아차립니다. 이러한 과정을 피드백하며, 대상과 대상을 일으키는 주체가 무엇인지를 알아차려야 합니다.

수행은 잘 따라 들어간 만큼 몰입할 수 있고, 몰입된 만큼 지켜볼 수 있으며 변화의 흐름 속에서 대립된 개념 쌍의 흐름을 놓치지 않고 알아차리게 됩니다[순관, 順觀].

다시 역으로, 나 스스로 알아차린 만큼, 지켜볼 수 있으며, 지켜볼 수 있기에 더 깊은 몰입이 유도되고, 그래서 놓치지 않고 따라 들어가 나의 수행주제에 몰입되는 것입니다[역관, 逆觀].

이러한 순(觀)과 역(逆)의 관법(觀法)이 피드백의 순환으로 나를 명료하게 깨어남으로 이끌어 갑니다. 깨어 있을 때 내려놓을 수 있고, 벗어날 수 있습니다.

매임 없는 스스로 움을 말하는 것이죠!

5

물의 길-불이론의 눈으로 보는 생태계

1) 모든 것은 항상하지 않다-체인지(change)

마지막 강의 시간입니다. 그동안 과학적 지식이 불교적 가르침과 어떤 관계가 있는지 살펴보았습니다. 진화생물학, 분자생물학, 천체물리학 차원에서 과학자들이 이야기하는 것이 불교 가르침과 연계성이 있음을 보아왔습니다. 에리히 얀치, 일리야 프리고진, 린 마굴리스, 전광우, 허버트 벤슨 등의 연구결과를 함께 논의해 보았는데, 와닿는 부분이 있었나요?

네! 그러시다면 다행입니다.

쉽지 않은 내용이기에 다시 전체적으로 더듬어 가며 복습하고, 전체적 공진화 방향으로 향하는 흐름으로 마무리하겠습니다.

세상의 운동성(역동성)은 평형이 깨지기 때문에 나타난다고 합니다. 평형의 깨짐으로 나타나는 일체 현상은 '제행무상(諸行無常)'의 속성을 지닙니다. 세상의 현상은 '항상 바뀐다, 늘 변한다, 일정하지 않다'는 말입니다. 얀치는 우주의 공진화 모델을 다음처럼 시작합니다.

역방향 진화에 있어 역사의 전개는 연속적으로 변화하는 대칭성 파괴에 의해 성격지워진다는 뜻이다. …… 대칭성 파괴는 형태생성의 새로운 역학적 가능성을 도입

하고, 자기초월(self transcendence) 행위의 신호가 된다.[68]

'제행무상'을 가장 쉽게 번역한 말이 유발 하라리(Yuval Noah Halrari)의 『체인지(change)』라고 말씀드렸지요.

'임퍼머넌스(impermanence)'라는 어려운 단어를 쓸 필요가 없습니다. 모든 것이 인연되어진 관계로 드러난 사건의 연속입니다. 그것은 평형성이 깨지면서 변화되어 나타나는 현상으로 분자구조의 '자기조직체계(the self organization system)'로 비롯되는 우주진화의 여정입니다. 우주 생태계 역시 산일구조의 벌집 모양 구조화를 스스로 한다는 겁니다. 물을 끓일 때의 분자구조가 벌집 모양으로 형성되는 것처럼 말이죠!

분자구조에서 보면 '자기구성', 즉 '셀프 오거나이즈(self-organize)'를 스스로 합니다. 우리 세포가 스스로 그리한다는 것이지요! 스스로 자기조직하고, 또 그 세포들이 서로 관계를 맺는데, 관계 맺는 방식은 공생(symbiosis)의 관계입니다. 그렇게 내부공생(endo-symbiosis)과 외부연대 공생(external solidarity symbiosis)을 합니다.

외부연대 공생이란 무엇인가요?

비유하면 여러분이 서로서로 연계해서 공부의 열망을 보이시니 제가 여기 나오는 것처럼, 서로서로 영향을 주고받고 하면서 진화한다는 것입니다. 말하자면 이 순간 외부연대 공생의 관계입니다. 그러나 나의 내부 몸도 또한 미생물들과 공생하고 있습니다. 이렇게 내부, 외부 공생의 상호관계 작용을 통해 진화해가는 것을 '공진화(co-evolution)'라 합니다.

---

68) 앞의 책, p.119.

서로 주고받으면서 진화를 거듭한다는 겁니다. 지금 이 순간도 '공진화'는 일어나고 있습니다. 미시적으로는 분자구조에서 그리고 거시적으로는 우주 생태계와의 관계 속에서 공진화가 일어납니다. 지구 생태계는 우주적으로는 미시적인 것입니다. 예를 들어, 우주에서 지구를 보면 운동장에 깨를 뿌렸을 때의 그 깨알만 한 것이 지구에 해당한다고 합니다.

그 깨알과도 같은 지구 속에서 임금도 나오고 거지도, 영웅도 나와 살아갑니다. 그러한 지구도 또한 태양계의 한 별에 지나지 않습니다. 미시적 차원과 거시적 차원이 서로 상보적으로 상호작용하고 있다는 겁니다.

해가 안 뜨면 어떻게 됩니까? 어두워지고 추워지죠. 빙하기에 들어갑니다. 우리의 삶은 지구 안의 삶이지만 지구 밖의 무엇과 관계를 이룸으로써 삶의 흐름이 굴러갑니다. 관계 속에서 생태계가 이루어지는 것이지, 관계가 깨지면 생태계가 존재할 수 없지요!

이렇게 안과 밖으로 관계되어지는 '공진화'의 입장에서 보면, 미시적인 것과 거시적인 것이 서로 침투해 상호작용합니다. 어떤 무엇이 일방적으로 무엇을 만드는 것이 아니고요!

에리히 얀치, 린 마굴리스는 그들의 저술에서 불교를 종종 언급합니다.[69] '불성'은 불교의 중심 개념인데, 이것을 과학적 방식으로 이야기합니다. 이들은 불교의 가르침을 과학적 안목으로 봅니다. 우리의 생태계의 구조가, 우주 환경구조 자체가 그렇게 되어 있다는 과학적 실증을 하고 있습니다.

---

69) 에리히 얀치: "가장 포괄적인 과정 철학이며 종교인 불교에 있어서는 기독교와 달리, 이원론적으로 상상된 신은 땅에 내려오지 않는다. 석가모니는 인간이다. 하지만 그는 자기 존재를 완전히 실현했고, 고난을 당하면서도 이런 방식으로 거룩한 경지에 도달 했다. 인류는 신의 구제를 받는 것이 아니라 스스로 구제한다. 이 내적인 비평형, 생명의 영광된 미완성이야말로 진화의 유효한 원리 인 것이다." 앞의 책, p.422.

이런 정보들을 우리 불교계는 받아들여야 합니다. 그것이 부처님의 가르침과 일치합니다. 2500년 전 버전을 번역만 해서 전하는 것은 한계가 드러납니다.

늘 변한다고 하잖아요! '이건 경전의 말씀이고, 이것이 진리이니 이대로 받아들여라!'의 도그마적인 사고방식은 사실상 붓다의 가르침, 불교에 벗어나는 일입니다.

붓다께서 열반하실 때(돌아가실 때) 아난존자가 질문하죠. '우리는 무엇을 의지해야 합니까?' 그러자 부처님은 '나를 의지하라' 하지 않고 '자등명, 법등명(自燈明,法燈明)[70] 하라고 했죠. 즉 스스로 자신을 비추어보고, 법에 비추어 의지하라고 했습니다. 그리고 아무리 뛰어난 사람의 이야기라 해도 그것을 무조건 따르지 말고, 스스로 판단하라고 했습니다. '자등명 법등명'이 그런 의미입니다. 붓다는 열반에 드시기 전에 그리 말씀하신 겁니다.

그런데 우리나라 불교는 다른 사상들과 습합되면서 고정화 양상을 보입니다. 600여 년간 이(李) 왕가의 선택이 유교적 가르침을 받아들이며, 유교식 불교가 근·현대 불교를 고착화하는 경향으로 갔습니다. 생물학적 표현으로 말한다면, 세포막에 갇혀버린 겁니다.

그럼 무슨 일이 벌어지나요? 자연의 선택 압력에 의해 도태되고 사라집니다. 살아남으려면 '공생관계'를 터득해야 합니다.

우리가 감자 심어서 자라면 캐서 먹죠! 감자의 뿌리에는 뿌리혹박테리아

---

70) 자등명 법등명 자귀의 법귀의(自燈明 法燈明, 自歸依 法歸依), 자신에게 진리의 등불이 있으니, 그 진리의 등불을 밝혀라. 자신에게 있는 그 진리에 귀의하라. /작성자 마하보디

가 그들과 공생하며 질소를 공급한다고 합니다. 우리 몸도 추우면 열이 나야 하는데 그것은 우리 세포 안의 미토콘드리아가 하는 일입니다. 미토콘드리아가 없으면 우리 생명 작용은 중지됩니다.

우리가 사는 생태계는 과학적 고찰을 통해 내부적으로 공생하고, 외부적으로도 공생하는, '공생의 공존되어 있는 관계'라는 것을 알아야 합니다. '이 종이가 있기까지 얼마나 많은 요소가 인연 되었겠습니까?'라는 사유 방식도 유효하지만, 과학적 담론을 공유하면 더욱 사실감을 느끼게 됩니다.

제임스 카메론 영화감독이 〈아바타: 물의 길〉이란 영화를 만들었습니다. 이건 반드시 봐야 한다고 해서 보았죠! 감동적인 이야기를 하더군요. 영화는 제목대로 '물의 길'에 대해 말합니다.

기억하시나요? 이 물질이 하늘에 있으면 구름이고, 내려오면 비이고, 높은 데서 낮은 데로 가면 강이고, 모이면 바다가 되지요. 무엇이 그리되나요?

'물, H_2O'이죠!

물이 본질이고 그것이 조건에 따라 나타나는 방식이 '구름, 비, 강, 바다'입니다. 끊임없이 '구름, 비, 강, 바다'로 순환하니 생태계가 존재하는 것이지, 이러한 순환이 없으면 생태계는 존재하지 못 합니다. 여기서 불교적 관점으로 물은 '불성', 혹은 '공성'을 상징합니다. 사람이 물질과 정신의 차원에서 무엇인가를 하는 것은 물과 같은 '불성(佛性)', '공성(空性)'이 자성(自性)으로 있기 때문에 가능합니다.

이것이 쉽게 와닿지 않을 수 있습니다. '중력장[71]'도 눈에 보이지 않죠. 아이

---

71) 중력장(重力場, gravitational field)은 중력의 존재를 설명하기 위한 물리학적 모형이다. 피에르시몽 라플라스는 중력을 복사장(radiation field)이나 유체와 비슷하게 다루는 모형을 수립하려 시도하였고, 19세기, 중력은 역학에

작 뉴턴(Isaac Newton)과 피에르시몽 라플라스(Pierre-Simon Laplace) 등 일련의 과학자들 외, 이전에는 아무도 몰랐습니다. 인류는 중력이란 것을 모르고 살아왔습니다. 그런데 뉴턴이란 젊은이가 이 질문을 스스로 가지고 '대체 왜 물건이 위에서 아래로 떨어지는가? 이 사건이 주는 의미가 무언인가?'를 끊임없이 연구한 결과 '끌어당기는 것-인력'이 있음을 알게 됩니다.

　제가 끌어당겨서 여러분이 여기 온 건가요, 아니면 여러분이 끌어당겨서 제가 여기 온 건가요? 저는 여러분이 원하니 왔죠. 그리고 제가 인연되어 여러분이 온 거죠! 상호관계되어 이루어진 현상이 사건입니다. 일방적인 게 아닙니다. 그렇게 관계는 양방향성으로 이루어지는 것이지, 일방통행이 아니라는 거죠.

　그렇게 관계 속에서 이루어졌지만, 관계가 바뀌면 장면이 바뀌게 됩니다. 이 강의가 끝나면 여러분은 집으로 가서야 하고 저는 저의 절로 가야 합니다. 그렇게 헤어지고 만나는 겁니다. 그사이에 우리는 그러한 관계의 특성을 봅니다.

　'공성(空性)'이죠. 비워지니 만나지, 비워지지 않으면 만날 수 없습니다. 여러분이 '태원스님이 맘에 들어'라고 생각하면서 저를 끝까지 따라다니면 어떻게 되겠습니까? 골치 아파지겠죠!

　이 순간에 만나고 저 순간에 만나는 것은 당연하죠. 그런데 그사이에 헤어짐이 있습니다. 그럼 그것은 빈 것인가요, 아니면 채워진 것인가요?

서 뉴턴 식의 단순한 '질점들 사이의 인력' 모형보다는 장의 개념으로 다루어지게 되었다. 중력장 모형에서는 '두 입자는 서로를 끌어당긴다'는 설명보다는 '입자들이 그 주변 시공간의 성질을 바꾼다'고 표현하는 것이 더 합당하며, 이러한 작용은 바로 물리학적 힘으로 인지되고 측정된다. 일반상대성이론에서 물질의 이동은 시공간의 휘어짐에 따라 발생한다. https://ko.wikipedia.org/wiki/중력장.

그것은 비움으로 채워지는 것이죠!

그래서 '비웠다, 채웠다' 할 수 없는 것입니다.

그렇게 보는 관점을 '중도지견(中道之見)'이라 합니다. 일상에서 '중도지견'을 가지기가 쉽지 않습니다. 그러나 사실 중도에 대한 가르침은 일상 가운데 있습니다. 그렇게 우리는 '중도'의 도리를 일상에서 쓸 수 있습니다.

2) 중도 무애가

제가 출가 전에 산에서 비승비속(非僧非俗)으로 공부하는데, 제 모친이 저를 찾아온 일이 있었습니다. 그때 모친께서 말하시길!

'너는 왜 그렇게 무애한 짓을 하냐?'

'뭐요?'

'무애하다고. 이놈아.'

'그 뜻이 무언지 아세요?'

'그럼 알지. 내가 그것을 모르고 말하랴?'

알고 보니 우리 모친이 반야심경을 통달했더라구요!

원효스님이 무지한 백성을 위해 '무애가(無碍歌)'[72]를 만드셨다 합니다. 모친은 학교 교육도 많이 받지 못 하셨는데도, 그런 심오한 말씀을 하시는 겁니다. 이때 저는 느꼈습니다.

'과거에는 불교의 심오한 용어를 일상에서도 사용했구나. 그런데 우리는

---

72) 『삼국유사』 '무애'란 『화엄경』 "일체무득인 일도출생사(一切無导人一道出生死)"에서 유래한 말이다. 원효가 파계하고 소성거사(小性居士)라 일컬을 때, 광대들이 큰 바가지를 들고 춤추며 노는 것을 보고 그 모습을 본떠 무애라 이름하고 이 노래를 지어 부르며 방방곡곡을 돌아다녔으며, 이에 불교를 민중에게 널리 전파할 수 있었다고 한다. 한국민족문화대백과사전(무애가無碍歌)

그것을 잊은 거로구나!'라구요.

과거 옛 조상들은 그런 말을 일상에 사용한 겁니다. 모친께서 한 말은 '아무 이득 없는데 무슨 일을 하는 거냐?'라는 의미였습니다.

더 나아가면, '부질없다. 집착하지 마라!'는 의미이지요.

제가 침식을 잃어버리고 금강경에 너무 집착하니 그런 말을 들은 거죠! 사실 알고 보면 금강경 전체가 '무애가'입니다. '무애(無碍)'라는 말을 듣고 저는 머리가 뻥 뚫리는 경험을 합니다. 침식을 잃고 금강경(金剛經)을 여러 번 보다가 '무애' 이야기를 들었을 때, 내가 집착을 하면서 공부하고 있었음을 알게 된 겁니다.

〈아바타: 물의 길〉이라는 영화는 물의 이치를 가르쳐 줍니다. 주인공 제이크 설린은 원래 숲속 부족의 족장이었는데, '하늘 사람들' 때문에 가족과 함께 도망가게 됩니다. 그런데 그 '하늘 사람들'이 지구인이에요. 자원을 빼먹으려고 판도라 행성을 침공한 겁니다.

제이크 설린 가족은 그대로 숲에 있으면 숲의 부족이 하늘 사람들에게 공격을 받아 못 살아남을 것 같으니, 숲을 떠나 도망을 쳐서 바다로 갑니다. 그렇게 도망가서 바다에서 사는 부족들과 함께합니다.

정글에 사는 부족이 있는 것처럼, 그들에게는 바다가 삶의 무대입니다. 그래서 헤엄을 잘 치는 거죠! 바다의 사람들은 바다에서 적응했던 겁니다. 사람들은 물의 길을 터득하여 물고기 반, 인간 반의 삶을 살게 됩니다. 숨이 길어집니다.

고래도 숨을 쉬어야 삽니다. 물개도 그러합니다. 어느 다큐에서 범고래가 물개를 잡아먹는 장면을 보았습니다. 물개가 얼음 위로 피신하니 여러 마리

범고래가 함께 그 얼음 주변에 파장을 만듭니다. 그러면, 파도가 어마어마하게 올라와 물개가 올라탄 얼음을 칩니다. 그렇게 물개가 다시 바다에 떨어져 들어가면, 범고래는 물개를 잡고 물속으로 들어가 숨 못 쉬게 해서, 죽여 잡아먹습니다.

이렇게 고래처럼 그곳의 인간들은 숨이 길어지게 된 것입니다. 그때 나오는 대사가 인상적인데 '끊임없이 돌고 도는 것'을 이야기합니다. 그것이 '제행무상이요, 중중무진 속성'입니다. 지금까지 강조한 '항상 바뀌고 변한다'는 것이죠. 고정된 실체는 없으며, 모든 것은 지속적으로 '고정되지 않아 변하여 간다'는 것입니다.

이것은 허무하다는 것과는 다릅니다. '늙으니 인생이 허무하다'라는 느낌이 아닙니다. 무엇인가 의지하여 살아왔던 삶이라 갑자기 저것이 없으면 허무해집니다. 비워지고, 채워지는 이치를 잠시 망각하면 삶이 허망해지지요!

비워지지 않은 독은 간장도 된장도, 아무것도 담지 못합니다. 독을 비워야 하듯 우리는 비울 수 있을 때 채울 수 있는 것입니다.

3) 생명계-'구름, 비, 강, 바다'가 끊임없이 도는 순환과 공존의 드라마

　사실 '구름, 비, 강, 바다'가 끊임없이 도는 순환의 드라마 속에서 우리는 '생로병사'를 반복하며 삽니다. 바뀌어 가고 있는 겁니다. 그래서 우리 한국에서는 누가 죽으면 '죽었다'고 안 하고 '돌아가셨다'고 합니다. 몸을 바꾸어 다시 태어나는데, 그것을 우리는 '윤회'라고 합니다. '구름, 비, 강, 바다'로 돌고 도는 그것이 '자연'의 흐름인 것입니다.

　물이 돌 듯, 우리의 삶도 돌고 도는 거죠. 그런데 무지하면 돌고 도는 것을 이해를 못 하죠! 사실 그것은 '무지(無知)'에서 나오는 모습입니다.

　영화 〈아바타: 물의 길〉에서 제임스 카메론 감독이 말하고자 하는 공존의 생태계(ecosystem of coexistence) 속성이 그런 것입니다.[73]

　우리는 말년이 되면, 다음 후생을 위해 준비해야 합니다. 놓을 줄을 알아야 합니다.

　수업이 끝나면, 왜 여기 교실에 남아 있습니까? 집에 가서야죠. 다른 장면

---

73) 영화 〈아바타: 물의 길〉: 감독/제임스 카메론, "물의 길에는 시작도 끝도 없어'라는 대사는 츠이레야가 물에서 숨 쉬는 방법을 배우는 로아크에게 말하는 장면으로, 자연과 공존하며 살아가는 법에 관해 이야기하는 〈아바타: 물의 길〉만의 주제 의식을 내비치어 모두에게 진한 여운을 전하고 있다.

으로 바뀌어야 배움이 생기는 겁니다. 이 얼굴로 백년 천년 사는 게 아닙니다. 그런 무상(無常)의 이치를 〈아바타: 물의 길〉에서 말해주고 있는 겁니다.

제임스 카메론 감독은 커뮤니케이션의 중요성을 표현하려 했습니다. '서로 통해야 한다'는 거죠. 생태계 안에 동물계가 있는 것이고, 동물계 안에 인간계가 있는 겁니다. 그런데 감정이 안 통하면 의사 전달이 안 됩니다. 언어로 내 상황을 전달하는 것도 있지만, 언어 이전의 방식도 있잖아요.

공감입니다.

공감에 관한 연구자들의 발표를 함께 보며 공존과 공감의 관계를 요즘 유행하는 AI 챗 검색을 통해 살펴봅니다.

키센스와 가졸라의 연구(Keysers & Gazzola, 2007)는 거울세포와 이타(타인의 감정이나 의도를 이해하는 능력)간의 관련성을 탐구하였습니다. 이들은 이타는 타인의 행동을 이해하는 거울세포와 관련된 시뮬레이션 메커니즘(simulation mechanism)을 기반으로 한다는 가설을 검증하였습니다. 이를 위해 뇌 영상 기술을 사용하여 거울세포와 이타 능력이 상호작용하는 부분을 조사하였습니다.

결과적으로, 이들은 거울세포가 인간의 사회적 인지능력을 지원하며, 이를 통해 타인의 감정이나 의도를 이해하는 능력에도 영향을 미친다는 것을 발견하였습니다. 이러한 연구 결과는 거울세포와 이타 능력의 복잡한 상호작용을 이해하고, 사회적 상호작용과 감정의 이해에 대한 이론을 발전시키는 데 중요한 역할을 합니다.

이타적인 능력은 다른 사람의 감정, 의도, 신념을 이해하는 능력입니다. 연구 결과, 거울세포가 타인의 행동을 모사하고 이해하는 것과 이타적인 능력 간에는 밀접한 관련성이 있음을 발견하였습니다.

이를 통해 인간이 타인의 행동을 이해하고 그들의 감정이나 의도를 추론하는 능력은 자신의 경험을 바탕으로 시뮬레이션하는 뇌 회로와 연관되어 있음을 알 수 있습니다. 이러한 연구 결과는 사회적 상호작용 및 인간의 사회성에 대한 이해를 높이는 데 기여했습니다.

이 연구[74]에서는 겨울세포와 이타적인 능력, 즉 타인의 감정이나 의도를 이해하는 능력 간 관련성을 연구하였습니다.

— https://chat.openai.com/

그것은 무엇인가 배우고 학습하는 과정입니다. '구름 나라'에 있을 때는 그 상황에서 배우는 것이고 '비의 나라'에 있을 때는 그 상황에서 배웁니다. '강의 나라'에 있을 때는 강에서 배우고, '바다 나라'에 있을 때는 바다에서 배웁니다. 이런 부분들을 우리가 인정해야 합니다.

다시 강조해서 불교적 교의의 바탕이 어떻게 진화생물학적 연구와 맞물리는지 살펴봅니다.

사회진화론의 '약육강식' 사고[75]는 2차 세계대전 전까지의 이론입니다. 이후 인류는 생태계를 다시 재해석합니다. 우리가 보는 생태계는 '공생관계(symbiotic relationship)'라는 겁니다. 인체도 박테리아와의 공생으로, 면역이 향상된 겁니다. 우리는 소통하며 사는 것이지, 강자가 약자를 죽이면서 사는 것이 아니라는 겁니다.

전형적인 진화 개념 중 "진화는 오직 강한 자만이 살아남는 살벌한 투쟁이다"라는

---

74) Keysers, C., & Gazzola, V.(2007). Integrating simulation and theory of mind: from self to social cognition. Trends in cognitive sciences, 11(5), 194-196.

75) 사회진화론(社會進化論, Social Darwinism); 19세기 찰스 다윈이 발표한 생물진화론에 입각하여, 사회의 변화와 모습을 해석하려는 견해로 허버트 스펜서가 처음 사용한 개념이다. 사회진화론은 인종차별주의나 파시즘, 나치즘을 옹호하는 근거와 신자유주의의 경제적 약육강식 논리에 사용되기도 하였다. 따라서 오늘날에는 주로 극복해야 할 사상으로 언급된다.

말이 있다. '적자생존(survival of the fittest)'은 철학자 허버트 스펜서가 제창했던 표어로, 19세기 말엽에 자본가들이 연소자 노동, 노예 임금, 잔혹한 작업환경 등의 몰염치한 행위를 정당화하기 위해 즐겨 사용했다.

만약 다윈이 자신의 아이디어가 어떻게 잘못 사용되고 있는지를 알았더라면 분명히 크게 놀랐을 것이다. 그는 스펜서가 제창했던 '적자생존' 용어를 큰 근육, 약탈적 관습, 십장의 채찍 등의 의미로 사용하지 않고, 더 많은 자손을 남긴다는 뜻으로 사용했다. 진화학에서 적응은 '다산'의 의미이다.[76]

우리가 '집단무의식(collective unconscious)'에 걸려들면 중독 상황에 들어가게 됩니다. 우리에게는 그런 기질이 있으며, 그것은 위험할 수 있습니다. 그것은 일종의 '집단홀릭(collective-holic) 상태'에 들어가는 것인데, 그렇게 되면 우리는 위험신호를 잃어버리게 됩니다.

도시화 속에서 우리는 그런 원초적 생존 감각들을 잃을 수 있으며, 그렇게 되면 홀릭 상태가 와도 알아차리지 못하고 그 흐름의 위험성에서 깨어나지 못합니다. 그러다가 봉변을 당할 수 있는 것입니다.

그래서 부처의 가르침 첫째는 '알아차림'입니다. 알아차릴 줄 알아야 합니다. 내가 어디 있는지, 여기서 뭐가 일어나는지, 여기서 내가 어떻게 흘러가는지, 내 몸이 반응하는 것을 내가 읽을 수 있어야 합니다. 이것이 '느낌/웨다나(vedana)'를 알아차리는 것, 즉 주변 생태 환경의 흐름에서 오는 느낌을 알아차리라는 겁니다.

이것이 붓다의 사념처에서 두 번째 가르침입니다. 첫 번째는 호흡을 보고

---

76) 앞의 책, p.129.

들어가는 것이라 하였지요. 그럼 어떻게 보는 것이냐. 숨이 코끝에서 들어가고 나가는 것을 알아차리거나, 숨이 코에서 기관지로 꺾여 들어가는 지점에서, 기관지로 들어가고 나가는 것을 알아차림하는 것입니다.

호흡이 거친지 고운지, 빠른지 느린지, 뜨거운지 차가운지를 보는 것입니다. 순간순간 일어나는 현상을 판단 없이, 있는 그대로 보고 알아차리는 것이 '아나빠사티(Ānāpānasati)' 수행의 긴요한 점입니다.

습관화로만 숨을 쉬면, 개구리도 가지고 있는 변연계 때문에 자동으로 숨을 쉬게 되는데, 그것의 역기능은 자동화에 '홀릭'되면 '집단 홀릭' 상태에서 위험신호를 읽지 못 한다고 합니다.

자율신경계의 역기능이 자기 스스로 내지, 자기 민족이 어디로 가는지 모르게 됩니다. 그래서 독일인이 히틀러의 집단의식[속아세] 선동에 포획되어 전쟁 속에 휘말리게 된 거죠! 게르만 민족성을 강화하려 유대인들을 죽였습니다. 인류로서는 씻을 수 없는 어마무시한 짓을 한 것입니다.

영화 〈아바타: 물의 길〉은 생태계의 흐름을 잘 표현했습니다. 그것이 바로 부처님의 가르침에서 볼 수 있는 공생, 공존의 불의(佛意)와 대비됩니다. 지구 전체 생태계 차원에서 여러 생명체가 이어진 '하나의 생명계'라는 이론이 있습니다. '가이아 이론'이죠. 영화 속에서는 '가이아'가 '에이와'로 바뀝니다.

촉수 같은 것에 서로 이어지면 소통이 됩니다. 촉수가 연결되면서 '스와일 럽'하면, 공룡이나 말과도 소통이 됩니다. 서로 감성이 통하는 것이죠. 〈아바타: 물의 길〉에서 물개도 아니고 바다사자도 아닌 이상한 동물이 나오는데, 그와도 '스와일 럽'이 되면 소통이 되고 서로 의지와 생각이 통하면서 자유롭고 유연하게 바닷물 속을 자유롭게 움직입니다.

그것을 우리 불교적 가르침으로 '지관(止觀) 쌍운(雙運coupling drive)'이라 합니다. '쌍운의 길', '쌍운도(雙運道)'입니다. 그런. 쌍운의 방식을 영화적으로 잘 풀었지요! 감독의 풍부한 상상력이 느껴집니다.

여러분이 명상할 때 제가 여러분의 '명문혈(命門穴)'에 손을 대고 명근(命根, jivitindriya) 생명 작용을 이끄는 방식 역시, 에너지에 대한 느낌을 일깨우는 것도 일종의 '스와일 럽'이 되는 과정인 것입니다.

제가 경험한 세계가 가지는 뇌파와 몸 에너지 파동, 파장이 여러분의 파장과 연결(coupling)되면 자각된 인식의 파장이 전이되어 확장하는 겁니다.

말하자면 언하에 서로의[선지식과 학인] 깨우침을 전하고 받는 지경의 순간 '줄탁동시(啐啄同時)'의 통감이 이루어지는 것을 의미합니다. '무애심(無碍心)'이라든가 '무주(無住)'라든가, '무주처관(無住處觀)' 같은 중도의 인지개념이 선지식과 학인에게, 그렇게 통감(通感)되는 겁니다.

4) 생태계-'생명공동체'-자기초월의지

'구름, 비, 강, 바다'로 바뀐다는 것은 이해가 쉬운 말이죠!

자연계 현상으로 보면 공동체에 대한 관점이 선명하게 됩니다. 순수 물과 같은 것이 어찌, 어찌 공기와 만나고, 번개를 맞고 햇빛을 더해 유기체가 만들어진다고 했죠(밀러의 발견).

그런 사건으로 어떤 유기체가 발생되고, 모이고 모여 공생체를 이루며 다세포 생물이 되고, 그것이 유기적으로 작동되어, 포유류에서 내가 된 것입니다.

그 안에 핵이 있어요. 핵이 바로 DNA 유전자 정보를 가진 거죠. 그래서 이 모양과, 저 모양이 출현한 겁니다. 모양이 각각 다른데 부친과 모친 사이에 태어난 우리는 닮게 됩니다. 나의 몸 세포(DNA) 안에 정보가 복사되어 있는 것입니다.

분자유전생물학[77] 연구자들이 조사했습니다. 학교의 클래스에서 한 백인이 흑인을 싫어했습니다. 그런데 그의 유전자를 추적하니 그의 조상이 흑인

---

77) 분자 유전생물학; 하플로그룹 SNP방법론: 기본적으로 Y-DNA와 mt-DNA의 DNA 염기서열 중 복제 오류로 생겨난 염기서열 다양성을 알아내어 혈통을 추정한다. 10대만 거슬러 올라가도 10대 조의 유전자는 이론상으로는 1/1024밖에 남아있지 않게 된다.

이었던 겁니다. 그는 애초에 잘난 척할 것이 없었던 거죠. 한 조상으로 올라가면 하나로 연결된 공동분모체가 나타나는 것입니다.

우리의 생명계는 '생명공동체(life community)'로 연결되어 있습니다. 우리는 '관계에서 관계로' 이어져가면서 '공진화(coevolution)'를 통한 '거대 생명공동체'를 만들어 나갑니다.

한 세포가 세포막을 지니고 있어, 자기를 자기조직화(the self organization system)하고 자기복제(self clone)할 때, 안과 밖이 있어야 하지만, 동시에 막을 초월하는 힘에 의해 '공생(symbiosis)'합니다. 그것을 '자기초월의지(self-transcendence will)'라고 하였죠!

얀치의 연구는 세포들의 생물학적 정신(organismic mind) 안에 '자기보존욕구'도 있지만 '자기초월욕구(self-transcendence desire)'도 있다는 것을 보여줍니다. 그렇게 우리 생명공동체가 형성되는 겁니다.

불교 역시 문제되는 체계를 넘어 '경험의 원초적 연속체(primordial continuum of experience)'를 확립하는 정신 작용의 본질을 인정하고 있다.

— 롱첸파, 1976,vol.3, 49쪽, 앞의 책 229쪽.

생태계에서 인류가 최고의 존재라는 인간 중심적 사고는 수정되어야 한다는 것입니다. 어느 순간 이 지구에서 인류라는 종이 없어질 수 있습니다. 생명계와 환경을 파괴하면 우리가 던진 돌에 우리가 맞게 됩니다. 만약, 어떤 미친 정치가의 잘못으로 버튼을 잘못 눌러 어느 지역에 핵폭탄을 떨어뜨리면 우리는 공멸합니다.

공유하지는 않지만 결합되어 있는 상태가 자연계에 존재한다고 말씀드렸죠. 우리의 뼈 구조 형성에서 보여주는 비공유 결합(Non-covalent bond)의 진화 생물학적 근거를 린 마굴리스는 다음과 같이 기술합니다.

진화생물학에서 비공유 결합은 염색체가 정상적으로 분리되지 않아 생식 세포에 남아 있는 염색체 수가 정상보다 많거나 적어지는 현상을 의미합니다. 이러한 비공유 결합은 종의 진화에 영향을 미칠 수 있습니다.

예를 들어, 생식세포 분열 중 비공유 결합이 발생하면, 새로운 개체가 한 염색체를 더 많이 가지게 됩니다. 이는 새로운 염색체 조합이 생성되며, 이는 돌연변이의 형태로 나타날 수 있습니다. 만약 이러한 돌연변이가 유익한 특성을 가지고 있으면, 이는 자연 선택에 의해 증식할 가능성이 높아질 수 있습니다.

비공유 결합은 자손의 유전적 다양성을 유지하는 데 중요한 역할을 합니다. 비공유 결합은 서로 다른 부모에서 유래한 염색체의 조합으로 구성된 자손을 형성함으로써 유전적 다양성을 증가시킵니다. 이러한 다양성은 새로운 환경 조건이나 새로운 특성에 대한 적응을 가능하게 하며, 종의 생존과 번성에 매우 중요한 역할을 합니다.

비공유 결합은 두 가지 메커니즘을 통해 발생합니다. 첫째, 교차오버(crossover)는 염색체 간 부분적인 교환으로 생기며, 이로 인해 새로운 조합의 염색체가 생성됩니다. 둘째, 독립적 정렬(independent assortment)은 각 염색체 쌍이 서로 독립적으로 정렬되는 과정으로, 이로 인해 다양한 조합의 염색체가 생성됩니다.

따라서 비공유 결합은 종의 다양성과 적응력을 높이는 데 중요한 역할을 하며, 생물의 진화에서 필수적인 메커니즘 중 하나입니다.

비공유 결합은 원생세포들이 소화할 수 없는 광물질을 흡수했을 때, 배출하지 않고 모아두기 시작한 것이 결국 물고기 뼈로 진화하는 예에서 찾아 볼 수 있습니다.

'공멸로 가느냐, 공존으로 가느냐' 하는 말은 피부에 와닿는 말이죠. 그것을 자각해야 합니다. 우리는 생명공동체임을 자각해야 합니다.

엘리베이터를 타는데, 무게 때문에 움직이지 않을 때 '네가 양보하면 되지' 하면서 누구도 양보하지 않으면 모두 움직일 수 없습니다. 생명공동체로서의 삶을 사는 우리는 무지(無智)로부터 깨어나야 합니다.

그래서 절에서도 '아기 예수 온다'고 현수막을 걸어 주는 것이 필요한 겁니다. 식물계, 동물계, 인간계를 동등하게 볼 수 있어야 합니다. 우리가 코로나 바이러스를 싫어하지만, 그 바이러스도 그들의 삶이 있습니다. 우리가 싫어하고 죽여야 하는 게 아닙니다. 그런 식으로 대하면 그들은 더 진화합니다.

인간은 그들과 공존해야 합니다.

우리는 여기서 공기를 서로 공유하고 있습니다. 여러분이 내쉬는 숨을 내가 마시고, 내가 내쉰 숨을 여러분이 마시고 있습니다.

자가 보전적 시스템(autopoietic system)이라는 생물의 정의와 관련된 개념을 제대로 설명하기가 쉽지 않다. 그러나 러브록이 말하듯이 '가이아 가설'에 의하더라도 인간까지 포함하는 생물계 그 자체가 자가 보전적인 것은 분명하다. 생물은 자신의 생존을 지속하는 데 필요한 환경 조건을 감지하고 조절하며 또 창조하기도 한다. 인간은 지극히 특별한 존재도, 홀로 동떨어진 존재도 아니다. 인간이 우주의 중심에 서 있지 않다는 코페르니쿠스의 입장을 생물학적으로 확장하면, 인간은 이 지구에서 생물의 우점종으로 자신의 위치가 전혀 명시되어 있지 않다는 사실을 알게 될 것이다.

이런 견해는 우리 인간이 가진 집단적 이기심에 뼈아픈 일격일 것이다. 하지만 우리는 진화의 사다리에서 가장 윗 계단을 차지하는, 모든 생물의 지배자가 결코 아니다. 우리는 생물계의 지혜를 받은 존재에 불과하다(209~210쪽).

우리는 우리 자신을 다른 생물과 분리하고 그들에게서 이익을 취하는 데 크게 성공했다. 그렇지만 이런 상황이 오래 지속될 수는 없을 것이다. 진화에서 공생의 원리는 인간이 아직도 침략적인 '기생' 단계에 있음을 시사한다. 또 이는 우리가 진화학적으로 오래 번영하기 위해서는 조급해하지 말고, 다른 생물들과 공유하며, 그들과 재결합해야만 한다는 교훈을 가르쳐준다(210쪽).

이러한 안목과 고찰은 종교적 가르침보다 사실적인 공존의 당위성을 밝히고 있습니다. 인류가 함께 공유하며 서로를 존중하고 나누어 누리는 지혜를 발휘하기 위해서 선행되어야 할 문제가 올바른 이해입니다.

존재의 과정구조(process structure)에 대한 바른 이해가 우리의 삶을 보다 윤택하게 이끌 수 있는 지혜를 발현한다는 것입니다.

일상의 삶에서 중요한 것은 면역체계입니다. 면역체계를 향상시키는 것이 생명공동체에서 공존의 드라마를 펼치는 데 중요한 부분입니다. 다음 장은 명상수행을 통해 어떻게 면역체계가 향상될 수 있는지 살펴보겠습니다.

5) 명상을 통한 면역체계 향상(P.N.I-None dual system: 자가치유)

'정신신경면역학(psycho-neuro-immunology PNI)', '심리신경면역학'은 중추신경계, 자율신경계, 내분비계와 면역계와 스트레스와의 관계를 연구하는 학문 분야입니다. 심리신경면역학은 심리과정과 인체의 신경계 및 면역계 사이 상호작용에 대한 연구로 발전합니다. PNI심리학, 신경과학, 면역학, 생리학, 유전학, 약리학, 분자생물학, 정신과학, 행동의학, 전염병, 내분비학, 류마티스학 등 관련 학문들이 서로 통합합니다.

정신신경면역학은 신경계 내분비계와 면역력 사이 연관성을 연구한다. 신체와 정신 사이 관계를 밝히며, 정신과 생리학적 측면에서 측정이 가능한 상호기전에 초점을 맞춘다.

중추신경계와 면역체계는 우리 몸의 양대 적응체계이다. 면역체계는 더 자율적이고 독립적인 것으로 생각되었지만, 최근 30년 동안의 연구는 중추신경계가 면역계로부터 신호전달을 받는다는 증거를 보여준다.

면역체계를 강화하려면 우리의 사고 인식방식이 바뀌어야 합니다. 정신적

165

혼란과 압박이 관계 상황의 '스트레스'로 파악하는데, 다른 어떤 사람은 그것을 성장의 과정으로 파악합니다.

평형이 깨지면 머리가 시끄러워집니다. 가족 간 평형이 깨지면 싸우게 됩니다. 싸움의 스트레스를 안 받으려면, 평형이 깨짐으로 인해 우리가 진화된다는 것을 이해하면 됩니다. 인간은 진화를 위해 싸우기도 해야 합니다. 싸우지 않으면 발전이 없습니다. 여기서 싸움과 전쟁을 혼동하지 않기 바랍니다. 이 싸움은 논쟁을 의미합니다.

정치에서도 여당과 야당이 끊임없이 싸우지만, 그렇게 하여 정치가 발전하는 것입니다. 그런 것처럼 마찰과 갈등은 있게 됩니다. 그러나, 갈등을 어떻게 이해하고 받아들이느냐에 따라, 그것은 삶의 스트레스가 될 수도 있지만, 촉매 작용을 일으키며 나를 발전시키는 동력이 될 수도 있는 겁니다. 말하자면 후자의 상태가 되는 것이 '무지로부터의 깨어남'입니다.

자연선택의 압력에서 '투쟁과 회피(fight or flight)'가 전쟁으로 가느냐, 아니면 자기 진화로 가느냐의 문제이지요!

우리가 왜 싸우나요?

의견이 다르니 싸우죠!

다르다는 것은 '발전 가능성'이 있다는 겁니다. 같으면 좋기는 한데 발전 가능성이 없는 거죠. 문제는 '이렇게 받아들이느냐, 저렇게 받아들이냐'에 따라 달라집니다.

그것을 '동력인'으로 볼 수도 있고, '스트레스'로 볼 수도 있습니다.

우리는 무지(無知)로부터 벗어나 매 순간 나를 깨워야 정신적 뇌의 진화를 이끌어낼 수 있습니다. 뇌에 전달되는 정보가 나로 하여금 깨어나게 하면, 뇌의 시상하부가 깨어나고 호르몬(세로토닌serotonin, 5-HT)[78] 작용이 일어납니다. 그 순간 '스트레스'가 나의 나무를 키우는 '거름'으로 작동합니다.

'이것이 나에게 거름이냐, 쓰레기냐?'

이것은 '어떻게 받아들이느냐'에 달려 있습니다. 우리의 수용 태도에 따라 그것은 우리에게 '긍정적인 거름'이 될 수도 있고, '부정적인 쓰레기'가 될 수도 있습니다. 그것이 '긍정적인 거름'이 되면 면역체계가 강화되는 쪽으로 뇌 회로의 배선이 형성됩니다. 그것이 '부정적인 쓰레기'로 인식되면 면역체계가 약화되는 쪽으로 회로의 배선이 형성됩니다.

회로가 긍정적으로 작동하면 면역계의 흐름이 깨어납니다. 기쁘면 웃게 되듯이, 긍정적 마음이 작동하면 몸의 상태가 바뀝니다. 마취 주사를 맞으면 육체의 감각이 없어지듯이, 호르몬 체제는 매우 예민하고 직접적으로 영향을 줍니다. 정신계, 신경계, 근육계를 연결하는 체계는 화학반응 방식으로도 나타납니다.

호르몬-신경 전달 물질 작용의 전달에 의해, 동일한 상황이 나에게 거름이 될 수도 있고 쓰레기가 될 수도 있는 것입니다. 그것을 어떻게 수용하고 받아들이느냐가 중요합니다.

내가 무지하면 그것은 '쓰레기'가 되지만, 내가 깨어나면 그것은 '재활용 소재'이며 '거름'이 됩니다. 인식의 뇌가 깨어나면 우리의 인지는 발전하고 면역 체계도 향상됩니다.

이렇게 확신하는 것에 의해 일어나는 정신적 믿음의 과정을 '플라시보 효

---

78) 세로토닌(serotonin, 5-Hydroxytryptamine 5-HT); 모노아민 신경전달 물질의 하나이며, 생화학적으로 필수 아미노산중 하나인 트립토판에서 유도되는 세로토닌은 주로 인간을 포함한 동물의 위장관, 혈소판, 중추신경계에서 볼 수 있다. 세로토닌은 행복감을 포함한 광범위한 감정을 느끼는 데에 기여한다고 보고되고 있는 복잡한 신경전달 물질이다./https://ko.wikipedia.org/wiki/

과(placebo effect)'라고 합니다. 내가 긍정적으로 인식하면 동일한 것이 긍정적으로 바뀌게 되지요! 그것이 '무지로부터 깨어나는 것'입니다.

'무지'보다 무서운 것이 없으며, 자기를 얽어매는, 눈에 보이지 않는 올가미가 됩니다.

'나는 선하다'라고 스스로 생각하면서 '자기의 옳음'만 강조하면 '선'에 갇힙니다. 그는 '악'을 용서 안 합니다. '히틀러'가 그런 식으로 만들어진 것입니다. 우리는 그를 악마로 보지만 그는 자신을 '선'으로 봅니다. 수많은 사람을 죽였지만 그는 자기가 '선한 일을 한다'고 느꼈을 것입니다. 그리고 많은 독일인이 그의 손을 들어준 것입니다. 그래서 집단무지가 무서운 것입니다.

무지(無智)를 깨야 합니다.

무지(無智)를 깨우면, 우리는 '불지견(佛知見)'[79]을 가지게 됩니다. 생명계는 둘이 아니고 관계 속에서 상보적인 관계를 이루며 함께 진화한다는 것을 자각할 때, 우리는 보다 긍정적이고 함께하는 삶을 재조망하게 됩니다.

면역체계 문제는 그런 것입니다. 어떤 방식으로 우리는 건강해질 수 있는가?

저 인간이 나에게 화나게 할 때 속으로 성질이 나지만, 우리는 지혜롭게 상황을 맞이할 수 있습니다. '거울처럼' 상황을 비추어 인식하며 알아차리면, 싸우지 않게 됩니다. 이렇게 볼 줄 알고 보이는 만큼 알아차림이 수승하면, 우리는 삶에서 자신을 덜 괴롭히고 붓다의 가르침으로 늘 깨어있게 됩니다.

---

79) 참선에 있어서 정말 필요한 것은 인식의 대전환이다. 그것은 중생지견(衆生知見)을 열지 않고 불지견(佛知見)을 열어 출세(出世)하는 것이다. 중생지견이란 스스로를 못 깨친 중생이라 규정하여 놓고, 깨친 부처가 되고자 노력하는 것이다. 불지견이란 본래 부처임을 확신하고 스스로의 불성을 발현시키고자 하는 것이다. 불교신문(http://www.ibulgyo.com)

6) 자연적 자가치유력

하버드대학의 허버트 벤슨 교수는 명상의 과학적 가치를 증명하고 있습니다. 먼저 그의 『이완반응』이라는 저술 몇 부분을 함께 살펴보도록 하겠습니다.

우리는 경이로운 내적 메커니즘의 축복을 누리고 있다. 그러나 안타깝게도 우리는 자연적 '자가치유력(potential for self healing)'보다는 외적 해결책에 더 많이 의지한다. 약국에서 구입하는 의약품과 의사들이 사용하는 치료법이 우리를 하루하루 지탱해 주지만, 그것은 우리 자신의 심장과 폐와 근육과 정신력이 펼치는 드라마처럼 감동적이지 않다(9쪽).

사람들이 내재된 셀프케어(self-care, 자가치유) 능력을 소홀하게 여기고 있다는 사실을 깨닫는 것은, 좌절의 원천인 동시에 동기부여의 원천이기도 하다. 내가 추구한 목표는 셀프케어 접근법과 전통적 접근법의 균형을 이루는 것이었다.
삼각의자를 떠받치는 세 다리는 의약품, 의학치료, 셀프케어이다. 각자 부여된 역할을 충실히 수행하면서 균형을 유지한다. 이상적 모델은 환자가 일상생활에서 경험하는 의학적 문제의 대부분을 셀프케어에 맡기고 필요에 따라 의약품과 치료를 사용하는 것이다. 이런 원칙이 깨지면 의자는 취약한 다리 쪽으로 넘어지게 된다. 서양과학은 그 동안 신체문제는 정신적 활동에 뿌리를 두고 있다는 것, 그리고 스트레스는 의학적 영향을 초래할 수 있다는 것을 인정하지 않았다. 대항문화로 간주되는 집단과 엮이는 것이 부담되었기 때문이다(12쪽).

캐넌의 발견은 혁명이었다. '투쟁-도피 반응'은 인간에게 예리한 생리적 생존본능을 제공한 진화적 모멘텀을 일별하게 했다. 캐넌의 이론에 따르면, 포유동물은 생존 메커니즘으로 진화한 스트레스 대응 능력을 가지고 있다. 스트레스 상황에 직면할 때, 인체는 호르몬을 분비하여 심박수, 호흡률, 혈압, 대사율, 근육의 혈류 유입을 증가시켜 적과 싸우거나 도망칠 태세를 갖춘다.

인체는 그와 반대되는 반응도 보유하는 것으로 밝혀졌다. 즉 인체는 이완반응이라는 메커니즘도 가지는데, 그것은 유도가능한 생리적 평온함의 상태를 말한다. 사실 이완반응은 우리 선조들이 우리에게 물려준 또 하나의 필수적 생존 메커니즘으로서 자체적인 치유 및 복구 능력이라 할 수 있다.

우리의 정신은 평상시처럼 달릴 필요는 없지만, 간혹 집중할 필요는 있다. 우리가 정신을 집중할 때, 인체는 심박수, 호흡률, 혈압, 대사율의 극적인 감소를 맞이하는데, 이것은 투쟁-도피 반응의 반대이다(15쪽).

여기서 가장 중요한 개념이 '셀프케어', 즉 '자가치유' 개념입니다. 헝클어진 머리는 빗질을 통해 정리하듯, 혼란스러운 마음을 정리하는 것입니다. 이것을 훈련하는 방식을 '명상(meditation)'이라고 합니다.

무엇인가 한 가지에 주제에 집중해, 그것을 반복함에 의해, 얻게 되는 그 뇌력(腦力)으로 우리 삶의 모순을 녹여 융해할 수 있는 능력이 우리 안에 생기는 것을 의미합니다. 뇌 인지 구조가 그렇다는 것이지요!

직설적으로 말하자면 믹서에 여러 가지 채소를 넣으면 다 갈아 버리는 것과 같습니다. 아침마다 믹서에 갈아 야채즙을 먹듯, 블랙홀처럼 모든 것을 수용할 수 있는 힘을 기를 수 있습니다.

사념처 수행이나 주문(mantra)수행할 수도 있고, 화두로 수행할 수도 있겠습니다. 수미산 오르는 방식은 많습니다. 자기에게 맞는 수행법을 선택해서, 날마다 15분 명상의 습관을 들이면 행복지수가 올라갑니다.

일상 가운데 명상수행 습관을 하여야 삶이 흐름에 체화되어 스스로 스트레스를 통제할 수 있습니다.

예를 들어 만일 '나는 빨래방망이 두드릴 때가 가장 기분이 좋다'라면 빨래방망이를 두드리면서 명상을 하면 됩니다. 내가 잘 하고 그것만 하면 좋은 그것을 하면서 명상을 하면 쉽게 집중하는 습관을 체화할 수 있습니다.

'나는 강가나 산을 산책하며 걷는 것이 좋다'라면 하루에 30분 이상 매일 규칙적으로 강변과 산길을 걸으며 일상 잡생각에 머물지 말고 오로지 발바닥과 땅 사이에서 느껴지는 느낌에 집중하는 것도 좋습니다. 그렇게 간단한 것을 반복함으로써 뇌에 새로운 순간 집중회로가 생성됩니다.

잡념에 머물지 않는 뇌의 새로운 배선이 완성되는 것이지요! 이것은 집중의 뇌파 에너지장이 형성되는 것을 의미합니다. 그러한 명상훈련 없이, 잘 하겠다는 생각만으로는 이미 고정된 것이 녹지 않습니다.

이러한 것들을 일상 가운데 훈련하는 것이 '셀프케어'-명상시스템(meditation system)입니다.

벤슨 그룹은 '삼각의자 방법'을 강조합니다. 이들은 하버드의대 교수들인

데, 의사의 진단과 현대 의학 체계를 이용하며 더불어 자가 명상을 하라고 권고합니다. 병원 처방을 받아 치료하되 거기에 더해서 '셀프케어'를 하라는 거죠! 그렇게 개선하면 엄청난 상보적 효과가 온다는 겁니다. 그것이 '삼각의자 이론'입니다. 삼각의자를 떠받치는 다리는 '1 의약품, 2 의학적 치료, 3 셀프케어 명상'입니다. 이 세 가지 자원을 조화롭게 수행하면 일상 가운데 면역체계를 극대화할 수 있다는 겁니다.

서양인들은 이렇게 명상을 계속 실험하고 발표해 왔습니다. 그 결과 현재 서구에서는 명상이 일반 생활에 녹아들었습니다.

왜 그런가?

그들은 명상을 과학적으로 조사했던 것입니다. 그들에게 불교의 명상은 단순히 종교적인 것이 아닌 겁니다. 그들은 믿음체계마저도 '플라시보 효과'로 과학적 입증을 했습니다.

그들은 연구실험을 했습니다. 사람들에게 자기의 신앙에 의거하여 집중 기도하게 합니다.

우리는 환자들에게 이완반응을 촉발하는 방법을 가르치기 시작했다. 이 책에서 제안한 '단어의 단순 반복' 말고 말이다. 가톨릭 신자에게는 '은총이 가득한 마리아님(Hail Mary full of grace)', 유대교 신자들에게는 '들으라, 이스라엘(Sh'ma Yisrael)', 개신교 신자들에게는 '하늘에 계신 우리 아버지(Our Father who art in Heaven)'라는 말을 사용하게 했다.

그리고 이슬람 신도들에게는 '인샬라(Insha'Allah)', 힌두교 인에게는 '옴(Om)' 만트라를 반복하게 허용했다. 세속적 사람들이나 무신론자들은 설득력 있는 단어, 구절,

소리, 예를 들면 사랑, 평화, 평안 등의 단어에 집중하게 했다. 그 결과 어린 시절에 배운 구절들이 강한 효과를 발휘했다. 이상과 같은 방법으로 우리는 모든 사람이 자기의 신념체계에 기반하여 이완반응을 촉발할 수 있음을 발견했다.

사람들에게 집중하여 기도하게 하니 스스로 효과가 나타난 것입니다. 하나에 집중하고 그것을 반복하게 하니 효과가 나타납니다.

왜 그러한 효과가 나타나나요?

뇌에 긍정적인 힘을 가지는 회선(배선, wiring)이 생기면, 어떤 스트레스도 그 회로 프로그램 힘으로 녹여낼 수 있기 때문입니다. 그래서 우리 스스로 자기를 보호하고 케어하는 뇌 배선 시스템이 구성되는 것입니다. 이것은 fMRI와 같은 장비를 사용하여 과학적 연구로서 찾아낸 것입니다.

모든 사람이 명상을 통해, 신념체계와 가치관에 기반하여, 스트레스를 내려놓는 이완반응이 촉발된 겁니다. 이완반응은 삶에 억압을 스스로 내려놓고 벗어나게 합니다.

방하착(放下著) 즉, 내려놓는 것이죠!

누구나 내려놓는 것이 필요하다는 것을 알죠.

'내려놔!'

그런데 누가 몰라서 못 내려놓는가요?

내려놔지는 것을 이완반응이라 합니다. 내려놓는 것. 벤슨 교수는 그것이 왜 좋은지를 과학적으로 설명한 겁니다.

그게 정말 일상생활에서 가능한 것인지를 밝힙니다.

'조용한 집중으로 신체를 건강하게 한다'는 간단하고 실용적인 아이디어 '셀프케어' 개념은 서양의 의사와 환자들에게 다소 생경한 개념으로 여겨졌다. 심각한 부상과 질병은 신의 손에 맡겨야 한다는 믿음에서 벗어나, 사람이 사용할 수 있는 의료자원을 만지작거리며 황홀해 하던 시대였으니 그럴 만도 하였다. 세균과 바이러스에 대한 이해가 증진되어, 의약품, 외과수술, 엑스선 촬영, 기타 방법을 이용하면 문제를 해결할 수 있다는 자신감이 충만했다.

인류는 세균과 바이러스에 대한 지식이 늘게 되고, 문제를 확인하고 해결할 수 있는 의료 시스템이 개발되었습니다. 그리고 뇌의 인지와 면역계의 상관관계에 대한 뇌과학적 지식이 보다 정밀하게 발달하였습니다.

명상수행으로 정신 집중을 훈련했을 때 면역을 증진시키는 '이완반응'이 이루어지며, 그로 인한 면역계가 강화된다는 것을 알게 된 겁니다. 이는 신체와 정신의 상보적 관계를 알고 그것을 생활화, 체화하여 자신을 스스로 건강하게 한다는 프로그램입니다. 이완반응이라는 명칭은 종교적 명상의 주요 의미를 배제하여 설정한 수행스킬입니다. 그래서 자기 건강을 스스로 조절할 줄 아는 명상 기술을 일반화하여 널리 보급하게 된 것입니다.

이러한 명상 프로그램을 8주 동안 한 집단과 일반 프로그램 적용하지 않은 집단을 비교해 보니 면역력 레벨이 현저하게 달라져 있었다는 겁니다. 이것은 과학적으로 나온 결과이니 부정할 수 없습니다. 그래서 모두가 인정하게 된 겁니다.

미국에서 인정하고, 세계 여러 나라의 연구자들이 인정합니다. 그렇게 그들은 그것을 생활화하는데, 오히려 우리는 과학적, 의학적 접근이 잘 안 되었죠. 미국에서는 그러한 연구실험 결과를 가지고 일상생활에 명상기법을 적용하고 있었습니다.

이들은 불교가 현대 과학과 맺어지는 방식을 연구했는데, 에리히 얀치 저술의 마지막 부분을 읽어보죠.

인간의 역사를 비롯한 자연사는 물질과 에너지 조직의 역사로 이해할 수 있다. 그러나 동시에 그것은 복합성 또는 지식으로의 정보 조직으로 볼 수도 있다. 그것은 의식의 진화 즉 자율성과 해방. 그리고 정신의 진화로 이해할 수 있다.

고정 관념의 개념에 붙잡히면, 정신적 해방의 자유로움이 오지 않고 속박이 옵니다. 이제 정신적 인지의 진화는 '자기조직의 동력학, 스스로 진화하는 동력학'으로 나타난다고 정의합니다.

붓다께서 과학적 사고를 하는 지금 시대에 태어났으면, 이런 식으로 가르침을 주셨을 거라 추측해봅니다.
'이런 관점에서 모든 자연사는 정신의 역사이기도 하다'라고 진화생물학자들은 강조합니다.

자기 초월, 진화 과정들의 진화가 이 정신의 진화다. 그것은 허공에서 펼쳐지는 것이 아니라 물질과 에너지, 정보와 과정들의 자기조직으로 나타난다.

제가 가진 정보가 여러분과 공유되면서, 우리는 지금도 진화해 가고 있는 것입니다. 이것이 후성유전학적 관점입니다. 이것은 후성적으로 서로 주고받으며 진화하는 과정을 의미합니다.

물질과 에너지, 정보와 과정들의 자기조직으로 나타나는 이런 방식으로, 과거

2000년 동안 서양의 사고방식을 성격지웠던 물질과 정신이라는 낡은 이원론이 극복된다.

그들은 바뀌었죠. 그러나 우리의 일반적인 인식은 아직 바뀌지 않았습니다. 그들은 물질과 정신이 상호 관계적 작동을 하는 체계임을 과학적 사고로 접근하였습니다.

인간의 생명은 이제 자기실현 과정으로 나타난다. 그 외면적 다원적 측면은 해방에 저항하는 경험으로 드러나고, 그 내부의 협동적 국면은 완벽하게 조화를 이루어 나아가는 의식의 상승으로 표출된다.

의식이 상승하면, 저 인간 시비하는 것이 '나에게 스트레스가 되느냐, 나를 개발시키는 촉매가 되느냐'가 달라집니다. 그리고, '우리 가족이 고양된 측면으로 나아갈 수 있느냐 없느냐'는 내가 어떠한 방식으로 삶의 방정식을 받아들이냐에 따라 달라진다는 것이죠!

자기초월(self-transcendence), 자기조직(the self organization)의 새 수준들이 열릴 때 의식의 화음은 풍부해진다.

그래서 서양인은 어렸을 때 음악 교육을 많이 시키는 겁니다. 제가 놀란 것은 처음, 2000년 초기 노르웨이에 갔을 때, 일반적인 노르웨이 분들은 명상을 잘 몰랐습니다. 그런데 7~8년 전부터, 말만 꺼내면 명상 얘기를 합니다.

우리나라는 1000년이 지났는데도 지금 초보 단계인데, 그들은 얼마나 문화수용 능력이 빠른지 명상이 자기들 이야기가 되어버렸습니다. 언제부터

'알아차림'과 '마음챙김'을 했다고 말입니다.

그러나 지금 그리되었습니다. 그들은 탄력적 사고방식을 가지고 있었던 것입니다.

무한대의 영역에서 그것은 '거룩한 것(the divine)'과 조화를 이룬다. 그러나 그 거룩한 것은 인격체가 아니고, 다수준적 실재의 전체적 진화 동력학으로 표출된다.

물질이든, 정신이든 복잡한 거미줄 같은 관계망 속에서 우리가 진화한다는 사실로 볼 때 개미들도 귀중한 생명체입니다. 무시해선 안 됩니다.

서양에서는 환경에 대해서 아이들을 가르칠 때, 토지에 가로, 세로 1미터씩 줄을 쳐 놓고 '여기에 무엇이 있는지 조사해보라'고 시킵니다. 일반 유치원생이나 초등과정 학생들에게 시키는 것이 그런 생태교육입니다. 그리고 다음 봄에 가서 다시 조사합니다. 지렁이, 개미 등이 있습니다. 또 여름에 조사합니다. 가을에 조사합니다. 그런데 보이는 것이 항상 바뀌는 겁니다. 아이가 투덜거립니다. 그럼 선생이 묻습니다.

'그것이 왜 바뀔까요?'

그럼 학생 아이들이 떠들어요. 선생님은 자기들끼리 떠들게 만드는 것입니다. 그런데 우리는 선생님이 더 떠들지요. 아이들이 더 떠들게, 잘 떠들게 만들면 좋은 선생이고, 아이들이 못 떠들면 문제 있는 선생입니다.

무엇이 우리 교육 방식과 다른지 아시겠죠? 우리 교육 방식의 흐름에 문제 있었다니까요!

그것이 전체적 진화동력학으로 됩니다. 서로 자기주장을 하고, 서로 언쟁을 함으로써. 함께 떠들며 이야기하여 반 전체가 공진화(co-evolution)에 대한 인식을 서로 공유하게 되는 겁니다.

'야, 그게 공진화냐?'

'아니! 너는 중요한 것을 놓쳤어'라고 서로 치열하게 논쟁합니다. 그렇게 싸우면서 크는 것입니다. 자크 데리다의 포괄적인 해체주의(deconstruction-ism)와 과정철학(press philosophy) 등이 교육적으로 밑바탕에 배어있습니다. 이러한 교육과정 속에서 중도적 인식구조를 이루는 것이죠!

석가모니는 인간이다. 하지만 그는 자기 존재를 완전하게 실현했고 고난을 당하면서도 이런 방식으로 거룩한 경지에 도달했다.

7) 이 컵이 '비워진 거냐, 채워진 거냐?'
―통찰의 힘이 해마를 깨운다

이제 전체적인 강의를 마무리하는 결론을 말씀 드릴 시점이 되었네요!

붓다의 가르침을 다음과 같이 이야기합니다. 이들이 뭔가를 봤으니 이런 이야기를 하는 겁니다.

인류는 신의 구제를 받는 것이 아니라 스스로 구제한다.

『차라투스트라는 이렇게 말했다』에서 '신은 죽었다'고 말하던 이들이 이제 이렇게 말하고 있는 겁니다.

우리는 이제 신과 인간의 이원론적 대결이 아니라 신의 이미지에 내재해 있는 긴 장에 관심을 가진다.

삶은 완성되지 않았다고 합니다. 그런데 우리는 완성된 배우자를 원하죠. 그리고 싸웁니다. 삶 자체가 미완성인데 완성되지 않았다고 불평하는 겁니다. 그러나 한편으로 보면 싸우는 것은 좋습니다. 싸움이라는 과정을 통과

하면서 완성으로 점점 가게 되는 과정인 것입니다.

신의 이미지에 내재한 긴장이 내적인 비평형, 생명의 영광된 미완성이야말로 진화의 유효한 원리이다. 신관은 진화의 위와 바깥에서 윤리적 규범으로 존재하는 것이 아니다. 참다운 신비론에 있어서는 진화의 전개와 자기실현 속에 들어있는 것이다.

— 에리히 얀치, 『자기조직 하는 우주』에서

이런 과정구조 속에서 '우리는 싸우면서 큰다'라는 이야기를 하는 겁니다.

종교의 심오한 형태를 갖춘 역동적 신관은 진화의 개념으로 이어져서, 신이 하나의 산일구조처럼 진화한다면 불교의 '공성', 즉 '수냐타(sunnyata)', 즉 그 기원 그 자체를 하나의 산일구조에 비길 수 있다. 불교에서는 그 명칭이 '공성'이다. 흔히 '비어있음'이라 오해된다.

— 에리히 얀치, 『자기조직 하는 우주』에서

'공(空)' 개념이 흔히 공허함으로 오해되는 것을 알고 있습니다. '공성'이란 단지 비어있는 게 아니라고 했지요!

알제리 프랑스계 젊은이(아네스)가 불교에 대해 공부하려고 저에게 왔던 적이 있어요. 그와 함께 장작 패는 도끼질을 1시간 가량 한 후 컵에 시원한 물을 따라주며 함께 물을 마셨지요. 그리곤 컵을 들어 보이면서 물었습니다.

이 컵이 '비워진 거냐, 채워진 거냐?'

우리는 완성된 존재가 아닌 미완의 존재입니다. 그래서 우리는 바뀔 수 있습니다. 그런 의미들이 '자기초월(self-transcendence)'의 동력인이 된다는 겁니다. 구체적으로 가르침을 실천할 준비가 되어있는 것입니다.

서로 일상의 삶 속에서 부대끼며 명상하고, 뭔가 하나의 주제를 가지고 자극을 줄 때 우리는 발전합니다. 그냥 집에서 놀면 발전이 없습니다. 자극을 주고받으면서 성장합니다. 과학적 접근에 의한 가르침이 방대합니다. 저도 새롭게 정리하면서 많이 배웠습니다. 이들은 과학적 사고방식으로 접근했습니다.

그들의 수용능력은 외운 게 아닙니다. 저도 치즈를 먹고 소화했으니 여기와서 말하고 있는 겁니다. 소화가 되니 그런 말이 나오는 것이라 하겠지요.

자기 체화하는 것을 의미합니다.

선(禪)-지식의 가르침을 체화하여 '자기화'하고 '생활화'할 수 있어야 합니다. 생활 속에 묻어나오지 않는다면 '관념의 페인트칠'에 불과합니다.

'페인트칠'은 언젠가 다시 벗겨집니다. 그것은 관념으로 아는 것입니다. 관념은 머리에 기억하고 재생하는 것이지만 체화(embodiment)된 것이 아닙니다.

피와 살이 되어 있지 않은 것이죠!

여러분도 실참 수행을 하겠지요!

요가, 명상이라는 실참 부분에도 많은 체계가 있습니다. 실제 같이 따라서 해 보세요! 무드라 행법 하나를 하더라도, 그것은 관계 속에서 의미를 가지고 수행하는 것이고, 그것을 알아차려서 체화하고 '자기화'되어 자각(自覺)으로 각인(覺印)된 것입니다. 그러지 아니하면 근본적 변화(change)가 일어나지 않습니다.

8) 뇌-장-축/ 면역체계의 향상

선 명상이 우리 삶에 미치는 효과를 명상 연구자들의 결과물을 더듬으며 마무리하겠습니다.

실제로 요가, 명상의 수행이 우리 삶에 어떤 효과를 주는지, 뇌-장-축 (microbiome-gut-brain axis) 이론과 자가 면역체계의 향상에 관하여 다루며 살펴보겠습니다. 처음 강의를 시작할 때 미생물이 우리에게 주는 효과, 마이크로바이옴(microbiome)에 관해 잠시 다룬 적이 있죠.

마이크로바이옴은 박테리아, 바이러스, 곰팡이 및 기타 미생물을 포함하여 인체 표면과 내부에 서식하는 미생물의 집합체를 말합니다. 이 미생물은 피부, 입, 장, 생식 기관과 같은 다양한 서식지에서 발견되며 소화, 면역 기능, 신진대사, 심지어 기분과 행동을 포함하여 인간 건강의 여러 측면을 조절하는 데 중요한 역할을 합니다. 마이크로바이옴은 식습관, 생활습관, 약물, 환경적 노출 등 다양한 요인의 영향을 받는 복잡한 생태계로, 미생물학, 면역학, 영양학 등 많은 과학 분야에서 지속적인 연구 대상입니다.

마이크로바이옴은 면역체계를 조절하는 데 중요한 역할을 합니다. 장내 박테리아는 면역 세포와 상호 작용하여 해로운 박테리아가 장에 서식하는 것을 방지합니다. 이것은 감염과 염증을 예방하는 데 도움이 됩니다.

마이크로바이옴은 신진대사에 영향을 줄 수 있으며, 비만과 당뇨 등에 관련이 있습니다. 일부 연구에 따르면 특정 장내 세균이 신체가 영양소를 흡수하고 처리하는 방식에 영향을 미칠 수 있다고 합니다.

그리고 마이크로바이옴은 기분과 행동과 관련이 있음을 밝혀내는 '사이코 마이크로바이옴'이라는 연구 활동이 최근 '뇌-장-축' 연구입니다. 이 연구에 따르면 마이크로바이옴은 기분과 행동에 영향을 줄 수 있는 세로토닌 같은 신경 전달 물질 생산에 영향을 미칠 수 있습니다.

사이코바이옴(psycho microbiome)에서는 일부 인지 기능, 분노 또는 두려움과 관련된 감정, 우울증, 치매가 미생물총의 기능과 관련이 있다고 설명한다. 체내 미생물, 박테리아, 세포는 복잡한 상호작용을 통해 사람이 느끼고 생각하고 행동하는 방식에 영향을 준다.

최근 들어 연구진들의 가장 큰 관심사는 다양한 미생물이 공존하는 장내 세균총과 정신 건강의 연관성이다. 실제로 이러한 연관성을 제대로 파악하면 알츠하이머병이나 파킨슨병과 같은 신경 퇴행성 질환과 우울증 및 불안과 같은 정신 질환 예방에 대한 실마리를 찾을 수 있다.

장내 세균총은 면역계와 관련된 기능을 하므로, 장내 세균총의 기능을 개선하면 신체 방어력을 높여 감염을 예방할 수 있다.[80]

이러한 뇌와 마이크로바이옴의 커뮤니케이션을 '뇌-장-축'이라고 명명합니다.

---

80) https://steptohealth.co.kr/psychobiome-how-do-microbes-influence-your-mental-health/

과학자들의 설명에 의하면 장내미생물은 도파민, 세로토닌 등과 같은 신경전달물질을 만들어 사람의 감정 또는 기분(우울, 불면, 스트레스 반응)을 조절하는 생리기능에도 관계가 있으며 기억력과 학습에도 영향을 준다고 합니다. 그래서 '제2의 뇌'라 불리기도 하며 최근 들어 사이코 마이크로바이옴의 중요성이 대두되고 있습니다.

미생물군-장-뇌 축은 위장관, 장내 미생물군, 뇌를 포함한 중추 신경계 사이 복잡한 양방향 통신 네트워크를 말합니다. 장내 미생물군은 인간의 위장, 대장에 서식하는 박테리아, 곰팡이, 바이러스 및 원생동물을 포함한 수조 개의 미생물로 구성된다고 합니다.

이러한 미생물은 소화 보조, 면역체계 조절, 필수 비타민 및 대사산물 생성과 같은 다양한 기능을 수행하여 장 건강과 전반적인 웰빙(well being)을 유지하는 데 중요한 역할을 합니다. 이것은 우리 몸과 마음이 갖는 면역체계 시스템(immune system)을 의미합니다.

특히 인지 작업과 관련된 명상 수행은 뇌 영역 간의 일관성과 뇌신경 공조 현상(Synchrony)을 활성화합니다. 명상 집중 수행에 의한 뇌파의 응집력은 영역 간 정보 전달을 촉진하고 대장 내 미생물군들의 불균형을 바로 잡아주는 역할을 한다는 겁니다.

연구에 따르면 장내 미생물군은 면역체계, 장 신경계, 신경전달물질 및 기타 신호 분자 생성을 비롯한 다양한 메커니즘을 통해 중추 신경계와 소통할 수 있습니다. 이 양방향 통신은 기분, 행동, 인지 및 불안, 우울증, 자폐증 및 파킨슨병을 포함한 다양한 신경학적 장애의 조절과 관련되어 있습니다.

뇌-장-축 연구는 빠르게 성장하는 바이오 과학 연구 분야이며, 복잡한 메커니즘과 인간 건강 및 질병에 대한 뇌와 장의 상호 소통의 관계와 영향을 이해하는 연구 분야입니다.

명상 수행은 면역체계를 조절하는 데 중요한 역할을 할 수 있다는 것이 밝혀졌습니다. 명상은 뇌, 장, 축 간 상호작용을 통해 면역체계를 조절하는 것으로 추정되고 있습니다. 뇌와 면역 시스템은 서로 긴밀한 상호작용을 합니다.

뇌는 면역 반응을 조절하고, 면역 시스템은 뇌 기능에도 영향을 미칩니다. 명상 수행은 뇌 활동을 조절하고, 스트레스 반응을 감소시키며, 면역 적응력을 향상시키는 것으로 알려져 있습니다.

장과 면역 시스템도 긴밀한 상호작용을 합니다. 장내 미생물 군집은 면역 시스템에 중요한 영향을 미치는데, 명상 수행은 장내 미생물 군집을 조절하고, 장-뇌-면역 축 상호작용을 개선하는 것으로 추정됩니다.

마지막으로, 축과 면역 시스템도 서로 연결되어 있습니다. 스트레스는 축과 면역 시스템 모두에 부정적인 영향을 미치는데, 명상 수행은 스트레스 반응을 감소시켜 축-면역 축 상호작용을 조절할 수 있습니다.

종합적으로, 명상 수행은 뇌, 장, 축 간 상호작용을 조절하여 면역체계를 개선하는 데 도움을 줄 수 있습니다. 이러한 효과는 개인마다 다르게 나타날 수 있습니다.

명상은 인체의 생리적인 기능에 영향을 미치는데, 이 중에서도 뇌-장-축이라 불리는 신경-내분비-면역체계에 영향을 미칠 수 있다는 것이 알려져 있습니다.

뇌-장-축은 스트레스와 면역 기능을 조절하는 데 중요한 역할을 합니다. 스트레스 상황에서는 신경과 내분비계가 작용하여 면역 기능이 저하되는데, 명상은 이러한 스트레스를 감소시키는 데 도움을 줄 수 있습니다. 또 명상을 수행하면 호르몬 레벨의 변화와 함께 면역 세포 수와 활동성도 변화할 수 있습니다.

최근 연구에서는 명상 수행이 면역체계에 미치는 영향을 조사하고 있습니다. 예를 들어, 한 연구에서는 명상을 수행하는 사람들의 혈액 내 면역 세포 수치가 증가하고, 염증 반응이 감소하는 것으로 나타났습니다. 또 다른 연구에서는 명상 수행이 면역 세포의 활동성을 증가시키는 것으로 나타났습니다.

이러한 연구들은 명상이 면역체계에 미치는 긍정적인 영향을 지지하고 있으며, 더 많은 연구가 필요하지만 명상은 면역체계와 스트레스 관리에 대한 중요한 전략으로 간주될 수 있습니다.

면역계를 구성하는 세포는 림프구 혹은 백혈구라 불리고, 신경계의 고정된 뉴런과는 다르게 끊임없이 순화하고 있습니다. 거의 모든 림프구는 골수(the bone marrow)에서 생산되므로 B세포라고 불립니다. 흉선세포, 즉 T세포는 흉선에서 생산됩니다. T세포는 B세포에 비해 수는 적지만 B세포를 통제합니다. 장교들이 군사들을 통제하는 것과 같다고 할까요.

우리가 몸의 정체성을 구성할 때 면역계는 이와 비슷한 일이 일어납니다. 끊임없이 돌아다니는 몸속의 분자 프로파일 하나하나와 결합했다 떨어지는 B세포와 T세포의 연결망 때문에, 세포와 조직은 몸으로서의 정체성을 갖게 됩니다.[81]

마이크로바이옴은 더 나아가 여성들의 관심이 되는 건강한 피부를 유지하는 역할을 합니다. 피부의 박테리아는 유해한 박테리아가 피부에 서식하는 것을 방지하고 염증을 조절하는 데 도움이 될 수 있다고 밝혀졌습니다.

전반적으로 '사이코 마이크로바이옴'은 인간 건강의 중요한 부분이며 연구자들은 그것이 신체에 영향을 미칠 수 있는 새로운 방식을 여전히 발견하고 있다는 것입니다.

---

81) 『마음이란 무엇인가』, 대니얼 골먼, 김선희 옮김, 씨앗을뿌리는사람, pp.70~75.

따라서 저의 수행자들은 체험적으로, 경험이 늘 있으며 앞으로 이 분야의 구체적 과학 연구결과가 함께 수행체계의 과학화를 이루어, 많은 이들의 면역체계를 높여 행복하고 건강한 삶으로 살아가도록 희망하는 것입니다.

저는 간화선 수행을 하는 중에도 정신적 인지의 확장과 더불어 생리적 경험으로도 많은 체험이 있어서 남방의 수행 텍스트(청정도론 등)를 통해 확신을 갖게 되었습니다. 대체적으로 선문(禪門)에서는 생리적 체화 부분을 심도 있게 다루지 않습니다. 수행집중이 수승한 단계에 들면 신근(身根)이 끊기고 정신적 세계에 보다 몰입되기 때문에 거론되지 않는 경향입니다.

그러나 21세기의 문화적 흐름으로 보았을 때 정신적 깨달음도 중요하지만, 심신이 함께 건강해질 수 있는 길을 선호하는 것은 당연한 일입니다.

도시와 산중 문화가 연결되고 소통되는 그런 공간을 마련하고 명상과 요가를 통해 자가 면역체계를 스스로 확립하게 하는 것은 큰 의미가 있습니다. 이와 같이 심신을 함께 건안(健安)하게 하는 부분들이 크게 와닿았고, 우리 문화 속에 뿌리를 내려 주면 의미 있는 일이 될 것이라 확신하여 올해 강의를 글로 남기려 하는 것입니다.

선 명상이 생활 속에 스며들어 일상화될 때 '21세기의 과정구조 삶 속'에서 받는 스트레스와 고통으로부터 깨어나게 하는 동력인이 되지 않느냐 하는 차원에서 말씀을 드리고 문자로 남기고 있습니다.

궁금한 것이 있으면 질문하십시오!

주체와 객체, 주객이 만나 조화를 이루는 것에 대해 머리로는 알겠지만, 실제적으로 이해가 안 됩니다.

제가 전에 '비비탄스님'에 대해 이야기했죠. 하루는 산길에서 산신각 쪽문으로 누군가 들어오려고 하고 있었습니다. 누군가 불전함의 돈을 털려고 온 것 같았습니다. 그때 비비탄스님이 말했죠. "저기 보이죠? 저 산신각에서 얼쩡거리는 놈들! 그냥 보기만 하세요." 그래서 제가 그랬지요. "내가 가 볼게, 스님." 그러자 비비탄스님이 두루마기를 열면서 보여주는데 거기에 권총이 있었습니다. 비비탄 총이었어요. "이 총에 맞으면 되게 아파요, 스님." 그것 가지고 가려 하는 겁니다. 그래서 그 스님 별명이 '비비탄스님'이 된 거죠.

그런데 이 스님 이야기가 청양 어느 마을에 토굴을 만들었는데, 그 동네에서 살자니 거기 적응하는 데 애를 먹었다는 겁니다. 마을 이장하고 영 안 맞더래요. 하루는 자기도 공양하고 곡차 한잔 걸쳐서 얼큰해져 토굴로 가고 있는데 이장이 맞은편에서 오더랍니다.

그래서 "이장님" 하고 가서 반갑게 허그(껴안기)했답니다. 그랬더니 엄청 쌀쌀하드래요. 그래서 뽀뽀하며 무언가 메시지를 주니 꼼짝 못 하시더라나요!

"그래 뭐라고 했어요, 스님?"

"나는 이장님을 정말로 사랑해요!"라고 하니, 그때부터는 이장님이 풀려서 그 동네 사는 데 여러 가지로 도움을 주셔서 큰 지장 없이 살았다고 합니다. '나는 스님인데 이장이 싸가지 없이!' 하고 자기주장만 하고 자기 생각에 갇혀 살면, 그렇게 하나가 되는 모멘텀(momentum, 전환의 순간)이 안 일어나지요. 그런데 허그, 뽀뽀, 알러뷰 하니 이장이 '나도 알어! 스님이 고생하는 거 나도 알어!' 하고는 둘이 하나가 되었다는 겁니다. 스님하고 이장이, 주체와 대상이 동등하게 하나가 되는 겁니다. 그런 내용을 아는 것도 중요하지만, 잘못하면 그냥 알고 있는 것은 '관념의 페인트칠'이 됩니다. 행동으로, 삶으로 하나가 되어야 합니다. 주체와 객체가 하나로!

이 스토리를 잊지 말아요.

허그! '아이 러브 유(I love you)!'

행동하고 말하라.

마하 반야 바라밀.

저도 남편하고 머리로는 잘 하고 싶은데 그동안 쌓인 것이 올라와서 조화를 이루는 게 잘 안됩니다. 팁을 주십시오.

팁이 있습니다. '허그' 못하면 서로 마주 보고 절을 하십시오.

실제로 이렇게 한 부부가 있었습니다. 전에는 밥상에 반찬이 세 가지였습니다. 남편이 반찬을 남겼다 하면 그나마 있던 반찬도 확 줄여버렸대요! 그런데 서로 절을 하면서 석 달이 지나니 모든 것이 바뀌더랍니다. 석 달 만에 모든 것이 변화한 겁니다. 실제 이야기입니다. 아내는 기독교도이었습니다. 그런데도 절을 한 겁니다. 그런데 그게 서로 절하고 나서 바뀌었다는 겁니다. 대개 기독교인은 절을 안 하거든요. 그런데 이분들은 절을 하면서 서로를 공감하게 되었다고 합니다.

우리는 말 때문에 싸우죠. 그런 절하는 행위를 통해서 구업(口業-말로 지어지는 업) 차원을 극복하는 거죠.

이미지를 통해, 이미지네이션을 통해 수행하는 것도 있는가요?.

네, 그걸 심상(心像) 수행(mental image practice)이라 하는데, 그때는 이미지가 대상이 되고 내가 주체인 것입니다. 그 이미지 대상과 '허그'하여 하나가 되어야 합니다. 그것이 관상(觀像) 수행의 핵심입니다. 하나가 되는 과정을 통해 이미지와 내가 하나 되면 무아(無我)를 체험합니다.

일반적으로 하나 될 때 빛이 나타납니다. 기독교에서도 그래요. 성령을 받으면 빛을 받고, 그 순간 자기 에고(ego)가 녹지요!

온전히 하느님을 부르심으로 성령의 축복 속에 하나가 됩니다.

자기 안의 빛을 보세요!

9) 윤동환과 태원스님의 질문과 대답*

스님 강의 전체 시나리오 흐름을 알고 싶습니다.

우주가 구성될 때, 그리고 미시적으로 원자 세계에서 무언가가 구성될 때, 평형이 깨지고 산일구조라는 역학적 구조가 갖추어지며 자기조직을 한다는 겁니다.

그것을 구체적으로 생명체 차원에서 보여주는 것이 세포의 작용입니다.

세포는 자연선택의 압력에 살아남고자 하는 자기 보존적(self-conservation) 특성을 가지고 있습니다. 자기보존을 위해 자기복제(self-clone), 자기갱생(autopoiesis-비평형 구도들의 역동)을 합니다. 그런데 '자기갱생(autopoiesis)의 힘'과 상반되면서 또 상보적인 관계를 가지는 '자기초월의지', 즉 '자기초월욕구(self desire-transcendence)'가 있다는 겁니다.

세포가 막을 형성하며 생긴 진핵 세포의 단계에서 핵이 형성되고 진핵 세포가 발달되는데, 그것이 막을 뛰어넘어 다른 세포와 연계하려는 연계 작용-공생(symbiosis)이 일어납니다.

---

*저자 태원스님과 배우 윤동환 님의 대담입니다. 요가명상가로 새로운 삶을 살고 있는 윤동환 님의 저서로는 『윤동환의 플라시보 요가명상』이 있습니다.

이때 외부구조 간 상생작용이 일어납니다. 그리고 내부공생(endo-symbiosis)을 합니다. 즉, 내부공생과 외부공생을 상보적으로 상호작용하며 다세포 생물이 진화되어 나옵니다. 그것이 우리가 현재 보는 고등생물들이 된 것입니다.

그런 시나리오입니다.

이러한 것을 가능하게 하는 기본적 동력이 '산일구조(散逸構造, dissipative structure)'입니다. 그렇게 세포가 번식해 나갔고, 우주 진화 역시 그렇다는 거죠. 그것의 기초적 화학 반응적 연구를 프리고진이 완성했고 그것으로 노벨상을 받은 겁니다.

에리히 얀치는 프리고진의 산일구조 원리로 진화 생명계의 흐름을 추적합니다. 그것이 생태계의 근본적 동력 원리이며, 더 나아가 사회 문화 차원에서의 공진화의 동력 원리라는 것을 정립하려 애쓴 흔적이『자기조직하는 우주』그의 생을 마감하며 정리한 저술입니다.

산일구조란 것은 가령 물이 어떤 일정한 패턴으로 끓는다는 것인가요?

물이 끓을 때 스스로 분자들이 연결되면서 구조를 이룹니다. 역학적으로 구조를 이루는 힘이 일정한 패턴을 만든다고 합니다. 그런 구조를 만드는 것이 스스로 '자기조직(the self organization)'을 한다는 겁니다. 물질들이 스스로 말이죠! 생명체가 아닌데도 물질이 스스로 자기조직하는 화학적 구조를 이룹니다.

생명체가 아닌데 생명처럼 작동합니까?

물질이 구조역학적으로 그렇게 바뀌어 간다는 거죠. 그것을 셀프 오거니제이션(self organization)을 한다고 합니다. 실험을 하면 항상 같은 현상이 나타난다고 합니다.

철광석을 용광로에서 끓이면 하나의 패턴이 나타난다는 건가요?

예, 그런 이야기입니다.

그게 왜 중요하죠?

자기조직을 한다는 게 중요한 거죠. 생명체 스스로 어떻게 자기조직을 하는지가 말이죠. 노벨상을 받은 움베르토 마투라나(Humberto Maturana)[82]는 비둘기 염색체를 연구했습니다. 그는 이렇게 말합니다. 오토 포에틱 시스템(autopoietic system), 즉 자기보존 시스템, 자율적으로 자기조직을 한다는 겁니다. 처음에는 책이 어려워서 못 읽었는데, 어느 정도 지나니 이해되더군요.

그는 화학자가 아니라 왜 그렇게 되는지 물으면 답이 안 나옵니다. 그냥 현상이 그렇다는 겁니다. 그러나 프리고진은 왜 그리되는지를 파헤쳤습니다.

물질이 스스로 분자구조를 자기조직한다는 겁니다. 우주도 그리되어 지고 있다고 합니다. 왜 자기조직을 하느냐?

평형이 깨져서라는 겁니다. 평형이 깨져서 산일구조를 하며 자기조직-자기갱생/자기생산(autopoiesis)-비평형 구도들의 역동-을 한다고 합니다. 그게 진화의 동력인이 되는 거죠. 빅뱅 이후 물질세계의 비평형성이 물질 스스로 자기조직을 하는 과정구조의 사건을, 얀치는 진화의 동력인으로 봅니다.

생명체에는 욕구와 의지가 있죠. 그게 자기보존(self-conservation)으로 비롯된다는 거죠.

린 마굴리스는 더 나아가 '이것이 관계 속에서 자기초월의지(self-transcendence)'

---

82) 움베르토 마투라나(Humberto Maturana)는 인지생물학자이자 철학자이다. 1947년 리쎄오 마누엘 데 살라스에서 고등학교를 마치고 칠레의 의과대학에서 공부를 시작하였으나 생물학으로 학위를 마쳤다. 유니버시티 칼리지에서 해부학과 신경철학을 연구하였으며 하버드 대학에서 생물학으로 박사 학위를 받았다. 이후 인지생물학 영역에서 제자이자 동료인 프란시스코 바렐라와 함께 자기생산(Autopoiesis)개념을 창안하였다. 인식에 대하여 실재론도 유아론도 아닌 관찰자적 개념을 주장함으로써 두 인식론의 중간 위치를 대표하는 구성주의자로 평가받는다. 상대주의적 인식론인 급진적 구성주의의 선구자로도 알려져 있다. 저서로는 『있음에서 함으로(from being to doing)』 등이 있다.

를 갖는다고 합니다. 그것이 자연선택의 압력에 살아남고자 공생 관계를 이끄는 동력인으로 작동됩니다. 인간계뿐만 아니라, 생명계 저반에 공존하려는 능력의 인지작용 배경에 생물학적 뿌리가 있습니다.

그것이 지극히 붓다의 가르침과 유사한 인간 진화의지의 바탕이라고 저는 봅니다. 그래서 인류 역사에서 공업(共業)으로 공멸(共滅)되는, 일종의 생태계의 왜곡된 흐름에 대한 이해가 선행되어야 한다는 겁니다. 때문에 인류는 명상수행과 선현들의 가르침에 주의를 기울여야 합니다.

결론적으로 스님 강의의 의도는 공멸을 피하고 공진화(co-evolution)하자는 것이군요.

그렇습니다. 어떤 측면에서 보면 생명계의 공진화를 이끄는 과정구조의 드라마는, 붓다가 효시라 봐도 크게 벗어난 것은 아닐 겁니다.

인류의 역사에는 정신적 진화 혁명이 필요한데, 그 단초가 히말라야 수행자의 가르침이라 보는 겁니다. 특히 고타마 사카무니 붓다의 가르침 말입니다.

붓다의 길은 영화 〈아바타: 물의 길〉에서 감독의 숨겨진 의도처럼, 중중무진으로 변화하는 과정구조(process structure)의 근원에 대한 가르침입니다. 중중무진으로 끊임없는 바뀌며 함께 굴러가는 실상, 현 존재들의 합창, 오케스트라의 하모니.

붓다의 무상에 대한 교설은 화이트헤드의 '과정구조 철학'에서 차용됩니다. 그런 담론이 현대 철학자들에게 큰 반향을 줍니다.

산일구조 이론이 공생(symbiosis) 관계에 어떤 식으로 연결되죠?

'산일구조'의 역동성으로 우주가 만들어집니다. 그리고 지구촌 생명, 생태계를 이룹니다. 우주가 만들어지고 태양계, 태양계 안에 지구, 지구 안의 생태계, 생태계 안의 물질들이 만들어지는 것이 산일구조의 역학적 역동구조로 이루어진다는 겁니다.

양치의 통찰처럼 그 힘의 구조 역학이 생명체를 만드는 역동적 동력인이 되는 것이죠. 생명체가 '오토 포이에시스(Autopoiesis)', 즉 자기 생산, 보존을 자동적으로 한다는 것은 산일구조의 역학이 자기갱생, 자기복제를 하는 동력인이라는 말이죠. 그러한 것들이 살아남고자 스스로 서로 연계하여 힘을 합치는 상태가 공생관계라고 하는 것입니다.

프리고진과 함께하는 연구자들은 우주가 생성되고 생명이 탄생되는 진화의 흐름이 역학적 산일구조가 과정구조 성격을 갖는다는 연구결과를 도출했습니다. 이러한 공생의 과정구조가 끊임 없는 진화의 드라마를 펼치는 것입니다.

다시 산일구조가 뭔지 설명 부탁드립니다.

평형이 깨지면서 구조 역학적으로 모양이 형성되는데. 육각형 구조를 이룬다는 겁니다. 그것이 연결되니 마치 벌집 모양 같은 구조를 이룬다는 겁니다.

물이 끓을 때만 육각형이 되는 게 아니고. 모든 것이 육각형이 되는 겁니까?

그런 얘기는 이해를 돕기 위한 것이고, 어쨌든 모든 물성이 스스로 일정한 역학적 모양이 나타나고 조직된다고 보면 됩니다.

패턴을 이룬다고요? 변화를 이룬다?

그렇죠! 스스로 일정한 패턴 구조를 이룬다는 말입니다. 그 구조는 과정적입니다. 그래서 과정구조라 하는 겁니다.

그것은 불교에서 말하는 무상성과 과정구조와는 서로 대비되는 철학적 사유이자, 연구결과입니다.

강의를 들으니 요동은 나쁜 게 아니라는 생각이 듭니다.

존재하는 모든 것은 떨림과 울림을 갖는다고 하는 것이 물리학자들의 정설입니다. 정신적 인지의 세계에서 요동치는 마음은 악재나 스트레스로 보일 수 있지만, 인식 시스템의 뇌가 인식하는 방식에 따라 그것은 스트레스일 수도 있고, 나를 깨어나게 하는 촉매일 수도 있다는 것입니다.

그 얘기를 더 진전시키면, 둑카[苦]도 나쁜 게 아니란 말이 되겠습니다.

그렇죠. 그래서 '번뇌, 즉 보리(煩惱卽菩提)'라고 하죠. 그래서 붓다가 마라를 환영하는 이야기가 있는 겁니다. 마라가 부처님에게 오자 제자들이 말합니다. "네가 감히 어떻게 여기 신성한 곳에 오는 것이냐?" 그러자 마라는 말합니다. "나는 붓다의 친구다. 붓다에게 물어봐라." 그러자 붓다가 와서 마라를 환영합니다. 친구가 왔다고. 마라가 가고 나서 제자들이 묻습니다. "어떻게 된 겁니까? 마라와 친구가 된 것입니까?"

그때 일화를 '구마라지바(구차국의 왕자 출신 승려)'는 '번뇌즉보리(煩惱卽菩提)'로 풀어냅니다. 유명한 일화이지요!

'파도를 멈출 수 없다. 그러나 파도 타는 법을 배울 수 있다'라는 말을 급진적으로 말하면……

파도에 휘말리면 '번뇌(煩惱)' 속에 휩싸이죠. 그러나 번뇌의 파도를 탈 수 있다면 '보리(菩提)'인 거죠.

그것을 급진적으로 말하면 '세상의 멸망은 피할 수 없다'.

그것은 새로운 창조죠.

그때 세상의 멸망을 잘 받아들이면 된다.

그럼 '판도라'를 찾을 수 있죠.

그리고 죽음도 나쁜 것이 아니다.

죽음도 새로운 탄생을 위한 것이죠.

더 나아가면 '세상의 종말이 온다면, 종말도 나쁜 게 아니다'.

거기까지는 우리의 주제가 아니지요. 지금까지 좋고, 나쁨을 논하는 이분의 인식 방식에서 벗어나야 자기갈등을 벗어나고, 나아가 인류의 공진화를 이루는 길이 될 수 있지 않겠는가, 라는 주제입니다만!

제가 그런 말을 하는 것은, 이상한 말일 수 있지만, 논리를 끝까지 가면 그렇게 생각할 수도 있지 않은가 하는 겁니다.

그것은 불교 논리 이전에 인도에 깔린 사상입니다. 유명한 '쉬바의 춤'[83] 개념 말입니다. 제가 말씀드리는 측면은 그런 내용입니다. 존재들이 갖는 이중성에 대한 이해가 필요합니다.

그래서, 이상한 말이지만…….

이상한 것이라기보다도, 우주를 생명계로 본다면, 그게 우주 전체의 기본

---

83) 인도 신화에 등장하는 신. 비슈누, 브라흐마와 함께 힌두교의 3대 신 중 하나이며 그 중에서도 파괴의 신이다. 파괴의 신으로서 우주의 파괴라고 하는 속성을 가지고 있기 때문에 파괴하지 못하는 것이 없다. 그 자체로 우주의 최고신이나 최고의 원리라고도 일컬어진다고 한다. 즉 자연 현상의 파괴적이고 거친 면을 신격화한 것으로 여겨지는 존재인 것은 물론, 절대적인 파괴의 본능과 힘을 상징한다고 한다. 그러나 사실 파괴의 성질 외에도 모순적이고 이중적인 특징들을 지니고 있는 복잡한 신이다. 실제로 본인의 이름인 시바의 의미 또한 상서로운 존재라는 의미. 전신인 루드라 시절엔 루드라의 자비로운 측면을 나타내는 별명이었고, 여러 상반된 특징을 가지고 있는 면은 루드라에게서 계승된 것으로 여겨진다. https://namu.wiki/w/시바.

원리라는 것입니다. 거기서 선택은 우리 인간 종이 하는 거라는 거죠.

그러니 인류가 '3차 대전을 피하기 위해 이런 노력을 하는 것이지만, 어떤 의미에 본다면, 둠스데이(지구 최후의 날)가 와도 자유로울 수 있는 마음가짐을 가져야 한다'는 것 아닌가요?

그것은 '양변적 사고방식'입니다. 우리의 사고가 '구름, 비, 강, 바다'로 바뀌는 것에 자유로워야 합니다. 말하자면 '영원히 구름으로 남겠다'는 게 양변적 사고입니다. 그래서 본태적 자기보전 욕구에 의해, 생사(生死) 인식에 강하게 붙잡혀 있는 거죠.

생사의식(生死意識)은 인류가 자연선택 압력에서 발현된 '대립 개념의 진화적 인지과정'입니다. 인류는 또 한번, 대립 개념의 인지방식 한계를 뛰어넘어, 뇌 인지 진화의 초월이 있어야 한다고 저는 보는 겁니다.

이것을 이해하고 중도지견(中道知見)으로 갈 때, 양변(兩邊-양 극단으로, 상견(常見)과 단견(斷見), annihilationism and eternalism)의 인지를 넘어 중도적 인지로 의식 작용이 확장 진화되어 갈 때, 우리는 생사문제를 해결하는 지적 사유의 자유를 가지게 될 겁니다.

얀치나 진화생물학자들은 비평형에서, 자기조직이 나타나는 우주의 생명계에서 자기보존욕구와 자기초월욕구가 대립되는 존재의 양면성이 나타난다고 주장합니다.

생태계는 진화 과정구조이며, 자연선택 압력에서 '대립 개념 쌍으로 인식하기'가 나타난다는 것을 의미합니다.

인류의 자기보존욕구는 쌍으로 대상을 인식하는 이분법적인 인식으로. 인류는 자연에서 가장 최상위 포식자로 살아남았습니다. 그러나 역기능적으로, 이로 인해 고통과 갈등이 나타납니다.

이것을 극복하는 길을 밝힌 일이, 붓다의 '불이중도(不二中道)적 인식방식'입니다. 이것은 인류가 진화의 압력으로 형성된 양변 인지작용에서 중도불이(不二中道) 인지작용으로 깨어나는 진화 과정구조(process structure)속의 사건입니다. 앤드류 누버그는 그의 책『본투빌리브(born to believe)』에서 이것을 뇌과학의 진화생물학 차원으로 논구합니다.

결과적으로, 수행자들의 뇌는 수행력으로 인해 해마의 깨어남이 있습니다. 이때 수행자 뇌의 시냅스 배선이 바뀌게 됩니다(rewiring). 불교 명상수행의 결과, 배선 구조의 바뀜이 중도불이(不二中道)적 인식으로 작동되도록 사고합니다. 흑백논리의 일반 인지작용이 '중도지견(中道知見)으로 바뀐다(진화되어간다)'는 의미입니다.

얀치의 표현으로 "진화적 정신으로 산다는 것은 모든 포부를 투입하여 현재의 구조에 참여하면서도 때가 오면 새로운 구조에 합류한다"는 뜻입니다. 그와 같은 자세를 불교의 최고 덕성인 해탈(解脫, vimoksa/non-attachment)이라 할 수 있는데, 동류불매(同流不昧, 같이 흐르지만 어둡지 아니하다)의 지고한 정신적 경지의 삶을 의미한다고 봅니다.

변연계는 뭘 담당하나요?

뇌의 변연계(limbic system) 안에 여러 부위의 뇌 조직이 있습니다. 변연계는 개구리에게도 있고. 우리에게도 있습니다. 생명계의 본태적 행위는 변연계에서 이루어진다고 합니다.

그것이 파충류 뇌를 의미하나요?

변연계 초기형태는 파충류에게도 있고 우리에게도 있습니다. 미국의 신경학자 폴 매클린(Paul D. Maclean, 뇌 진화와 형태연구소 소장)의 '3부 뇌(triune brain)' 가설을 살펴보면 분명해질 겁니다.

1) 파충류형 뇌; 신경차대(neural chassis): 2억 5~8천만년 전/

　　하부뇌간, 척수, 중뇌, 텃세, 위협, 구애, 질서

2) 고 포유류형 뇌; 대뇌 변연계(Limbic system): 1억 6천 500백만년 전/

　　사회 집단, 성행위, 개성형성(내. 외부 정보 취합인지)

3) 신 포유류형 뇌; 신 피질(Neo-Cortex): 5천만년 전/

　　반사정신 특성, 추상화, 비전, 관념, 창작

파충류형 뇌는 생물정신 작용과정들을 관리하는 물질계로 볼 수 있다. 그렇지만 유연성에는 한계가 있고, 파충류형 뇌 정신 작용들은 억제할 수 없는 욕구와 충동, 강박적 형태와 온갖 종류의 신들림의 원인이 된다.[84]

변연계에 속하는 해마와 중뇌는 자동화된 오랜 무의식적 인지 기능을 하게 합니다. 수행자들의 명상수행력으로 해마가 깨어났을 때 무의식적 행위에서 벗어날 수 있게 되는 것을 뜻합니다. 본태적인 양변인지 방식에서 그것을 통제하는 중도 인지능력(중도지견)이 생긴다는 뜻입니다. 이 의미는 뇌과학적으로 뇌의 시냅스 연결의 재배선(None dual cord system of brain)을 통해 깨어난다는 말입니다. 즉 컴퓨터가 업데이트되듯이 말입니다.

우리의 오랜 기억들은 어떤 상황에서 망각되었나요?

인간의 뇌세포 중 필요 없는 기억을 지우는 망각 담당 세포가 있다고 합니다. 불교적 안목은 망각이 아니고, 깊은 무의식의 제8식-아뢰야식 속에 함장되어 있습니다. 그 함장된 아뢰야식 기능들이 조건적 인연이 닿으면, 과거에

---

84) 앞의 책, pp.232~234.

함장된 것들과 배선이 재연결된다고 할까요!

　인연 화합이 되면 무의식 깊이 '심의식-아뢰야식'에 있던 것이 표면의식으로 올라옵니다. 그리되면 본능적인 욕구 통제가 어렵죠. 그것은 '불이적 깨어남'을 통해 어느 정도 통제할 수 있습니다. 뇌의 가소성(plasticity)으로 학습됨 때문입니다.

우리가 중독적 사고에서 헤매는 것은 해마가 깨어나지 않아서인가요?

　뇌과학적 해마의 깨어남이란 것은 fMRI를 사용, 연구되었는데요. 앤드류 뉴버그는 '유니타리 컨티넘(unitary continuum)'이라 했고, 벤슨 박사는 브레이크아웃(break out)이라고 했죠.

　해마와 전전두엽의 상호관계 작용 문제입니다. 전쟁으로 전전두엽 일부에 손상을 입은 사람들은 공간 감각이 없다고 합니다. 그래서 당구공과 볼링공을 구분하지 못한다고 합니다.

　어떤 자극에 의해 해마(hippocampus)의 작용이 임계점에 이르면 호르몬(신경전달물질)이 분무기로 뿜듯 순식간에 뿜어지는 작용으로 대뇌 피질은 공간, 시간 감각을 잃어버린다고 합니다. 그때 경험하는 것이 종교적인 체험입니다.

　불교도는 그것을 '무아(無我)체험'으로 인식하고, 기독교도는 그것을 '성령체험'으로 인식합니다. 뇌과학적 입장에서 그것은 해마의 깨어남이라고 제가 말하는 겁니다.

앤드류 뉴버그가 '시냅스의 배선구조' 이야기를 했죠? 미토콘드리아와 엽록체의 공생관계에 대해서는 누가 말했죠?

　린 마굴리스의 연구결과죠!

　그는 자기 저술 『마이크로코스모스(microcosmos)』에서 한국의 전광우 박사의 연구결과를 이야기합니다. 프리고진은 화학자로서 분자구조가 어떻게 스스로 조직을 이루고 물질을 이루는지, 조직 역학의 차원에서 무엇인가를 찾았습니다. 그는 소산구조-산일구조를 발견하고 노벨 화학상을 받았죠. 얀치와 프리고진은 절친한 친구입니다.

에리히 얀치가 쓴 『자기조직하는 우주』 서두에 '프리고진에게 바친다'라고 했죠. 얀치는 프리고진의 산일구조 이론을 생태학에 적용해 '공진화 개념'을 이끌어낸 것입니다. 얀치는 물질들이 구조를 이루는 방식을 탐구하다가 프리고진의 산일구조 원리에 접속한 거라 봅니다.

스스로 자기조직을 한다는 개념 말이죠. 생물학자 움베르토 『있음에서 함으로』에도 프리고진 이야기는 없습니다. 산일구조를 일반인에게 전하기 어렵습니다!

그래도 그것을 시도한 사람이 에리히 얀치입니다. 모든 것이 관계 속에서 드러나는 사건의 현상들이 스스로 자기를 조직하는 동역학적 힘이 있다는 겁니다. 비평형 상태에서 산일조직이 일어난다는 거지요!

공진화의 공존 세계

이 강의 글은 전체적으로 종교가 갖는 도그마, 특히 한국 불교의 현재 상황에서 과학적 사고의 흐름으로 재해석하려 노력한 흔적입니다.

현대를 사는 모든 지구촌 인류는 한정된 자원 속에서 자기보존의 욕구 충족과 행복을 추구하는 상반된 마음이 부딪히며 갈등하고 스트레스에 시달립니다. 이 점에서 진정한 자기 만족감, 행복감을 찾는 길이 한 시대를 살다 가신 히말라야의 수행자 고타마 사카무니 붓다의 가르침에 있음을 이 글의 흐름 속에서 알아차릴 수 있기 바랍니다.

2500여 년 전 깨어있는 현자들은 우리 자신 속에 내재되어 있는 인지작용의 역기능이 자기 자신을 불행 속으로 빠뜨릴 뿐 아니라, 모두를 전쟁 속으로 휘말리게 할 수 있음을 경고해 왔습니다. 현재 인류는 아직도 갈등하고 싸웁니다.

그것이 종교적 이데올로기이든, 무엇이었든, 그 배경에는 자국의 이익이 앞서있고 그것이 행동의 준칙이 되곤 합니다. 그런 배경에서 인류는 만족할 줄 모르는 원숭이와 크게 다르지 않습니다.

자연선택의 압력으로 진화된 존재들은 자기보존이라는 욕망의 파도를 스스로 조절할 수 없는 한, 이 갈등을 멈추게 할 수 없다는 겁니다.

누구든 희망합니다. 보다 건강하게, 행복하게 살기를 말입니다.

나는 이 길을 현대의 과학적 안목으로 고대 불교 수행자들의 족적에서 다시 밝혀 보려 노력하였습니다. 이 일은 '풍요의 불(cornucopia)' 속에서도 더 갈망하고, 투쟁하는 현생 인류에게 너무나도 절실한 일이 아니던가요?

다행히 이제 21세기 여러 선진국이라고 불리는 나라에서 명상이 의료처방화되는 단계에 다달았습니다. 그나마 참으로 다행인 일이라 봅니다.

현재 지구촌 곳곳에 꿈꾸었던 유토피아의 땅은, 욕망의 구름으로, 탐욕의 갈증으로 인한 사막화가 진행되고 있습니다. 그것이 비록 자연재해라 하더라도 그 뒤에는 우리 인류의 방만함이 숨겨져 있다는 것입니다.

이미 생태환경의 축은 한쪽으로 기울어져 가고 있습니다. 우리는 균형을 잃고 어느 쪽으로 지나치게 치우치고 있음을 알아차려야 합니다. 인류가 가지고 있는 또 다른 능력을 발현해야 할 중요한 시점이라고 보는 것이지요! 사람은 선천적 자산으로 자기초월의지를 갖추고 있습니다. 그것이 미토콘드리아의 숨겨진 의지인지, 어떤 것이든, 다시 한 번의 진화가 요구된다는 것입니다.

보존 본능을 넘어서 본태적 욕구의 한계를 초월한 그들은 인류 진화의 꽃입니다. 이제 2500년 전 히말라야의 기슭에서 핀 꽃은 전 인류에게 희망의 씨앗을 나누고 있습니다. 지금은 모든 수행정보의 씨앗이 인터넷의 네트워크를 타고 손쉽게 공유하는 세상이 되었습니다.

현대사회의 도시인은 끊임없이 '더 빨리'와 '더 많이'의 압박에 시달립니다. 걸음을 늦추는 것이 오래가고 멀리 갈 수 있다는 지혜가 발아할 때입니다. 말 그대로 명상을 통한 '15분 브레이크 타임(break time)'을 일상의 삶에서 습관화함으로써, 나의 잠재력을 깨우는 '브레이크아웃'으로 삶에 활력을 불어 넣는 일이 절실히 필요한 시점입니다. 이러한 식의 종교성을 초월한 표현은 벤슨 박사가 처음 시도하여 커다란 반향이 있었음을 소개한 바 있습니다.

여기서 한 걸음 더 나아가 '사실 인식의 오류를 자각하는 일이 전체 공진화의 동력이 된다'라고 주장하는 것이 이 강의 글의 주요 핵심입니다. 인류의 공업(共業)을 함께 풀어 가는 데 있어 개개인의 보존욕구로 비롯된 자기갈등을 알아차리고 벗어날 수 있는, 정신적으로 고양된 진화가 동력인이 된다는 것입니다.

개개인의 정신적 인지의 진화가 전체 인류의 진화를 이끄는 공진화를 의미합니다. 이는 얀치가 주장하는 바를 불교적 안목으로 밝혀 보는 작업이 시초였습니다.

최근 〈침공(invasion)〉 SF시리즈 영화를 보았습니다. 외계의 침공이 주제인 흔한 SF물의 영화입니다. 사실 SF물 영화를 좋아해 그동안 여러 편의 영화를 보며 느낀 공통점이 있었습니다. 한결같이 외계인이 등장하면 그들의 침공을 다룹니다. 그러나 진화생물학의 입장으로 고찰해보면 그것은 투쟁과 회피의 과정을 통한 인류의 진화가 아직 성숙되지 못한 결과, 상황 조건이 적군과 아군의 이분화된 설정일 뿐이라는 것입니다.

태양계를 벗어나지 못한 현재까지 인류는 자칫 잘못하면 공멸로도 갈 수 있을 만큼의 전쟁 무기를 이미 만들어 가지고 있습니다. 지금까지 인류의 진화는 태양계를 자유롭게 벗어나지 못하는 문명 수준입니다. 그런데 적어도 태양계 밖의 진화된 생명체라면, 이미 이분화 인지의 한계를 극복한 인지진화의 존재들일 거라는 겁니다. 왜냐면 이분적 인지 진화를 못 넘어선 지구촌 존재들은 서로의 관계구조가 전쟁이라는 임계선을 넘어서지 못한 종이기 때문입니다. 더 고양된 인지혁명 없이 태양계를 벗어날 수 있는 인류 종은 없다는 것이 나의 견해입니다. 투쟁과 회피의 인지 수준으로는 태양계를 자유롭게 넘나들 수 있는 문명권을 이룩할 수 없으리라 여기는 것입니다.

 그동안 5~6년을 진화생물학, 진화심리학, 천체물리학 등에 관련된 연구서들을 꾸준히 탐독하여 왔습니다. 그러한 맥락에서 히말라야의 기슭에서 태어난 고타마 사카무니 붓다의 고뇌가 무엇이었는지 체감하는 것이 어렵지 않았습니다. 인류종이 지금까지 진화해온 동력은 자기보존을 위한 투쟁과 회피(fight-flight)의 반복된 여정이었다고 보는 것이 일반적 진화생물학자들의 견해였습니다.

 결과적으로 박테리아에서 인류종 호모사피엔스까지 오는 여정에서 인류의 인식기능에는 투쟁과 회피의 흔적이 남아 있다는 겁니다. 때문에 외계의 어떤 존재가 태양계를 넘어서 우리 행성에 도달하여 들어오는 접촉이 침공일 거라는 사고를 무의식적으로 하게 되는 것입니다. 진화생물학 연구자들의 연구관점이 옳다면, 자연선택의 압력에서 살아남은 종은 공생을 잘하는 종이라고 합니다. 자체 종이 강한 개체가 살아남는 것보다 내·외부공생을 잘하는 종이 살아남을 확률이 크다는 것이죠! 나아가 비공유 결합의 공생관계가 현재의 척추동물계의 내부 구조를 이루었다고 합니다.

 인지 진화가 왜곡된 자기보존욕구의 싸움을 극복하는 길로 이루어지지 않는다면, 인류 종은 지구역사에서 '사라질 수도 있다'라고 진화생물학자들은 말합니다.

 인류는 그간 두 번의 세계대전을 겪었습니다. 세 번째 세계대전은 공멸을 가져올 가능성이 매우 크다는 것이지요!

 고타마 사카무니 붓다를 비롯한 히말라야 수행자들의 돌연변이적이기도 한 인지진화는 공존의 길을 보여줍니다. 적어도 태양계 밖의 문명이라면, 그들은 대립된 개념 쌍으로 인지하는 뇌 인식 구조보다 한걸음 진화된 존재들일 거라 보는 것입니다. 그렇다면 그들은 붓다의 가르침처럼 내면의 본태적 갈등으로부터 오는 무지를 극복한 존재들일 거라고 예측됩니다.

선악 구분으로 싸움하는 존재들이 아니라는 것이지요!

개미들은 2차원 공간만을 인지한다고 합니다. 인류는 3차원 공간을 인지합니다. 미래에 생존하는 인류 종은 대립 개념 쌍의 인지작용 한계를 극복한 공생 공존으로 이끌며, 생존의 드라마를 펼치는 종일 것입니다. 태양계 밖의 존재들 역시 공진화를 이룬 존재들로, 공존하는 존재일 가능성이 크다고 봅니다.

그들의 연구처럼 공존감을 키우고 유지하는 종만이 지구 생태계에서 살아남는다고 본다면, 우리 생태계는 관계 속에서 미·거시 동시적으로 공진화를 이룩하고 있는 공존관계의 환경과 함께하는 존재일 때 지구촌의 거주민으로 살아남을 것입니다. 침공(invasion)의 세계가 아닌 공진화의 공존 세계로 말입니다. 즉, 끊임없이 관계되어 가는 공생구조의 네트워크 세상이 될 거라는 것입니다.

붓다의 가르침의 핵심은 공진화의 공존 관계 생태계의 의지라 볼 수 있는 중도 정견입니다.

우리의 뇌가소성은 중도 장으로의 도약을 이루는 숨겨진 인류 도약 가능성의 씨앗이 심어 질 수 있는 마음밭[心田]이라고 봅니다. 그런 의미에서 우리 역사적 사실을 밝혀보면, 1446년 세종은 훈민정음을 지어 널리 백성을 이롭게 하는 국책을 폅니다. 그로 인해 이 땅에도 우리만의 글자를 갖게 되는 일대 문화적 창발의 혁신이 이루어집니다.

그 후 10개월이 지나 24권의 『석보상절』이 완성되었고, 그것을 바탕으로 세종은 600수의 『월인천강지곡』을 지어 발표합니다. 세조에 이르러 훈민정음이 발표된 지 12년 지나 『월인천강지곡』의 '월인'과 『석보상절』의 '석보'를 따서 『월인석보』가 만들어집니다. 『월인석보』는 순수 한글본으로서, 주석을 한문으로 달아 편집된 귀중한 한글 연구의 근본이 되는 저술입니다.

묘하게도 저는 계룡산 갑사 산내 암자이자 우리나라의 무문관 수행의 중심이었던 대자암에서 영파당 정영큰스님을 뵙고 가르침을 받아 조계종으로 출가했습니다. 갑사는 기허당 영규대사[85]께서 왜란초기 승병을 양성하고 이끈 호국 불교의 산실입니다.

그곳 갑사에 바로 『월인석보』[86] 목판본이 소장되어 있습니다. 『월인천강지곡』은 불교적 우주관 내지 세계관이 투사된 우리 고유의 문화유산입니다. 간단히 요약하면, 천공에 달이 높이 뜨니 천 개의 강에 달이 동시에 찬란히 비추이는 장면을 연상하시면 됩니다. 이것은 종이 한 장에 우주 전체의 자연과 공존되어 있음을 밝히고 있는 내용과 서로 통하는 가르침인 것입니다.

---

85) 영규대사는 충청남도 공주 출신으로 본관은 밀양이며 속성은 박씨이다. 법호(法號)는 기허(騎虛), 법명(法名)은 영규(靈圭)이다. 영규는 계룡산 갑사에서 출가하였고, 청허 휴정(清虛休靜, 1520~1604)의 법을 전해 받았다. 영규대사가 공주 갑사 청련암에 있을 때인 1592년 4월 임진왜란이 일어났다. 그는 3일 동안 통곡한 뒤 충청도에서 800여 명의 의승군을 모았다. 당시 그는 "우리들이 떨쳐 일어남은 조정의 명령이 있어서가 아니다. 만일 죽음을 두려워하는 마음이 있는 자는 우리 군에 들어오지 말라"라고 했다고 한다. 영규가 이끄는 승군은 의병장 중봉(重峯) 조헌(趙憲, 1544~1592)을 따르는 700의병 및 관군과 함께 청주성을 공격했다. 이 청주전투에 대해 당시 실록에서는 "충청감사 윤선각(尹先覺)이 청주로 진격하여 성을 포위하자 적군 600명이 나와서 포를 쏘아댔습니다. 공주에 있던 승려 영규가 승군 800명을 거느리고 함성을 지르며 성으로 돌입하자 아군이 승세를 타고 적의 수급 51과를 참획하였는데 남은 적은 밤을 틈타 도망쳤습니다"라고 기록하고 있다. 이는 8월 초 청주성을 수복할 때 영규가 이끈 의승군의 공적을 높이 평가한 것이다. 이어 조헌이 전라도로 향하는 고바야카와 다카카게의 군대를 공격하려 하자, 영규는 관군과의 연합 작전을 위해 공격 시기를 조금 늦추자고 하였다. 그러나 조헌이 자신의 생각을 바꾸지 않자 영규는 그를 혼자 죽게 할 수 없다고 하며 금산전투에 참가하였다. 조헌의 의병과 영규의 의승군은 1592년 8월 18일 금산전투에서 왜군과 싸우다 모두 전사했다.

86) 목판본. 초간본 10권(권1·2·7·8·9·10·13·14·17·18) 8책과 중간본 4권(권21·22·23·25) 4책이 1983년 보물로 지정되었으며, 초간본 2권(권11·12) 2책이 1987년 보물로 지정되었다.

붓다께서 활동하시던 당시는 종이가 발명되지 않은 시기였습니다. 그래서 그분은 늘 자연이나 중생의 삶에 비유하여 법을 설하시었습니다. 이것은 하나의 개체와 전체의 관계구조를 밝히는 전통적인 불교의 교의가 됩니다. 의상 스님은 「법성게」라고 하는 게송을 남기어 당시의 백성들을 순화했습니다.

게송에 '一中一切多中一 一卽一切多卽一 一微塵中含十方 一切塵中亦如是 (일중일체다중일 일즉일체다즉일 일미진중함시방 일체진중역여시, 하나 속에 일체 있고 여럿 속에 하나 있어 하나가 곧 일체요 여럿이 곧 하나로다)'라고 하는 대목의 의미가 곧 개체와 전체는 종이 한 장이 대우주 자연 전체와 상호 연계되어 있는 '공존의 관계구조'라는 것을 밝힌 가르침입니다.

당시의 진골 귀족들은 충분히 이 함의를 이해하였고 모든 나라의 움직이는 동력 또한 그 가르침으로 비롯되었으리라 추측합니다.

일체 생명 생태계는 공존(共存, co-existence)되어 있습니다.

우리 선조들은 '왕과 백성'의 관계구조에서도 불교적 원리를 바탕에 두고 있었던 것이라고 봅니다.

이제라도 이러한 전통의 문화가 가지고 있는 중요한 가르침을 씨앗으로 하여, 현대의 교육에 스며들게 함으로써 공존과 공영의 틀을 갖추어 주어야 한다고 생각합니다. 일찍이 다 문화국가였던 나라는 미취학 아동 때부터 이러한 기초교육이 이루어지는 것으로 알고 있습니다.

인성교육은 바로 그 지점에서 출발해야, 모두 함께 하는 삶의 흐름을 이끄는 문화적 동력인이 되지 않을까 여깁니다. 문화적 밈(meme)의 흐름에 있어 중심 코드를 어떻게 잡아야 하는지 말입니다.

고타마 사카무니 붓다는 요즘 말로 메타버스[假], 즉 우리가 사는 삶의 실체가 무엇인지를 밝힌 히말라야의 젊은 수행자였습니다. 그분은 수많은 설법에서 현실은 가(假, 거짓 가)라고 설정하며 공(空)에 대해 말씀하셨습니다. 그러나 가(假)에도 공(空)에도 머물지 않는 공가중(空假中)이 하나로 융섭되는 인지의 세계-중도일여(中道一如)를 가르치셨습니다.

현실은 인터네트워크(internet work)의 세계입니다. 상호 관계성이 끊임없이 일어나고, 머물다, 사라지며, 또 다른 관계로 연결되어갑니다. 고대에는 이 구조를 마치 거미줄 망처럼 관계되어가는 구조이기에 '인드라망'이라 표현했습니다. 때문에 창조의 주체가 있고 피조된 현상이 있는 그런 책(book)과 같은 관계구조가 아니라는 것입니다. 자크 데리다의 표현방식으로, 이 현상계는 작자(writer)에 의해 씌어진 책(book)과 같은 관계가 아니고 천을 짜가듯 짜여가는 텍스트(text)의 관계구조라고 표현합니다.

붓다는 끊임없이 '이것이 있으므로 저것이 있고 이것이 없으면 저것이 없다'라는 연기적, 무상성(無常性)을 설파했습니다. 현상에는 독립적으로는 존재하는 실체가 없습니다. 관계되어지므로 현상의 실제로 드러납니다. 때문에 무아성(無我性)이기에 스스로 독립적으로 존재할 수 없는 무근거성(無根據性)의 현상이라는 것입니다.

요즘 철학의 관점에선 관계구조된 연속체로의 현상을 그립니다. 그러기에 끊임없이 바뀌는 과정구조의 체계입니다. 붓다의 제일의제-제행무상(諸行無常)의 무상성(無常性)은 그것을 의미하는 것이며, 현상을 "가(假)"로 보는 까닭입니다. 그러므로 있음에도 머물지 말고 없음에도 머물지 말라는 것입니다.

붓다의 가르침에 팔정도의 정(正) 자 의미는 위(上)에도 아래(下)에도 머물지 않는 것이 올바른 것이라는 중도적 안목을 말합니다. 고정된 인지가 아니고 끊임없이 상호 관계로 발제[87]되어 변화하는 무근거성(無根據性)의 흐름을 이야기하는 것입니다. 여기서 무근거성이란 프란시스코 바렐라가 표현하는 이른바 불성(佛性)의 공성(空性)을 말하는 것입니다.

안정적 자아를 추구하려는 시도의 결과를 나타낸 집착의 형태인 절대주의와 허무주의를 직접적이고 지속적인 방식으로 이해하고자 하는 동기가 지관(止觀)의 명상 전통에서 시작되었는데……. 법을 배움으로써 우리는 모든 현상은 결코 절대적 근거를 지니지 않았으며 이런 무근거성(無根據性) (空)sunyata의 의존적 상호 발생의 구성요소 그 자체라는 사실을 진정으로 이해하기 시작할 수 있다.

— 프란시스코 바렐라, 『몸의 인지과학(The bodied Mind)』, 김영사, e-book, p.293.

붓다의 가르침의 중심에는 양변에 빠지지 않으며, 어디에도 매이지 않는 중도, 즉 공(空), 가(假), 중(中)이 하나로 통섭(융섭)하는 일여(一如)의 세계가 놓여 있습니다.

지금 이 순간에도 현실은 가상현실(VR-AR-MR)[88]에서 확장현실(ER)로 확대되어가고 있는 메타버스(metaverse)의 세계로 구현되고 있습니다

챗GPT에게 메타버스에 대해 질문하면 다음과 같이 대답합니다.

'메타버스'는 그리스어 'meta'와 'universe'의 조합으로, 'meta'는 '초월적인'이나 '초지

---

87) 발제(發製)주의(enactivism): 진화생물학적 문화적 역사를 축적한 한 체계가 자율적인 내적 규정에 따라 환경과 '구조적 연합'을 벌여 세계를 구성하는 것을 뜻한다. -칠레의 생물학자이자 철학자인 프란시스코 바렐라Francisco Varela(1946~2001).

88) 가상현실(virtual realities), 증강현실(augmented reality). 혼합현실(mixed reality), 확장현실(extended reality), 풀 밀그램, 후미오 카시노-현실연속체 개념 구상.

적인'을 의미하며, 'universe'는 '우주'를 나타냅니다. 따라서 메타버스는 초월적인 혹은 초지적인 가상 세계를 의미하며, 실제와 가상이 융합된 환경을 나타냅니다.

'메타버스'는 가상 혹은 디지털 세계를 의미하는 용어로, 현실과 가상이 융합된 환경을 말합니다. 이는 가상현실(VR), 증강현실(AR), 혹은 3D 온라인 공간에서의 상호작용을 포함합니다. 현재 메타버스는 게임, 소셜 미디어, 교육, 비즈니스 등 다양한 분야에서 사용되며 더욱 중요한 역할을 하고 있습니다. 예를 들어, 가상 환경에서 회의, 상거래, 교육 등이 메타버스의 적용 사례로 나타납니다.

메타버스라는 용어는 소설가 넬 스티븐슨(Neal Stephenson)이 1992년 소설 '스노크래시'에서 처음 사용했습니다. 그러나 최근 몇 년 동안, 기술 발전과 함께 현실에서 떨어져 디지털 세계에서 활동하는 콘셉트를 묘사하는 데 자주 사용되고 있습니다.

현재 메타버스는 가상현실(VR), 확장현실(AR), 인공지능(AI), 블록체인 등의 기술과 결합되어 더욱 다양하고 현실감 있는 경험을 제공하고 있습니다. 게임, 소셜 미디어, 엔터테인먼트, 교육, 비즈니스 등 다양한 분야에서 메타버스 기술이 활용되고 있으며, 사용자들은 가상 세계에서 협업, 소통, 활동을 공유하고 참여할 수 있습니다. 블록체인을 통한 디지털 자산의 거래나 소유권 관리 등도 메타버스의 중요한 측면 중 하나입니다.

앞으로는 더 많은 기업과 개발자들이 메타버스에 참여하며, 현실과 가상이 뒤섞인 디지털 세계가 더욱 확장될 것으로 예상됩니다.

붓다의 시대에 인드라망[Indriya sanga]이라는 개념은 인간이 가지고 있는 욕망과, 바람에 의해 결합되고 관계되는 것을 의미합니다. 우리의 삶은 인드라망에 갇혀 사는 존재로 그 망을 극복하는 길을 찾아 끊임없는 정신적, 인지의 진화를 해왔다고 봅니다.

인지학자들은 불교도들이 말하는 불성(佛性)이란 세계와 자아의 내적인 것과, 외적인 것 사이의 공간이라는 의미로 해석합니다[순환성의 발견]. 이는 자아와 세계의 분리인 동시에 둘 사이의 연속성을 의미하는 것입니다. 나아가 공간의 개방성, 중도(中道, entre-deux)라는 관점으로, 마음은 자연의 거울이라고 보는 발제적 인지과학으로 확장되어 갑니다.

즉, 인지학자들은 공성(sunyata)이라는 존재의 근본 속성을 인지과학적 안목으로 드러냅니다. 일체 나타난 모든 것들의 존재되어진 것들은 상호 의존성을 갖습니다. 때문에 특정한 존재의 근거는 관계되어진 것이지, 독자적 독립성을 갖지 않는다는 것입니다. 그래서 '무근거성=불성=공성'이라고 규정하는 것입니다.

이 관점은 붓다의 가르침으로 비롯되어 용수(나가르주나)에 이르러 중론(中論)으로 완성됩니다. 다음은 챗GPT의 응답 내용입니다.

불교에서 '나가르주나'는 중략주의를 나타내며, 산스크리트로는 'नागार्जुन'으로 표기됩니다. 나가르주나는 대표적인 불교 학자로, 중략주의를 통해 불교 경전의 교리를 해석하고 발전시키는 데 큰 업적을 남겼습니다. 그의 중요한 저작물 중 하나인 '중략반헤리카(मूलमध्यमककारिका)'에서는 모든 것이 상대적이며 고정되지 않음을 강조하며 세상의 본질을 이해하는 방법을 제시하고 있습니다. 이는 '선과 후' 또는 '존재와 비존재'의 이분법적 사고를 초월하고 중도를 찾는 철학으로 해석됩니다. '중략반헤리카(मूलमध्यमककारिका)'는 나가르주나(Nagarjuna)에 의해 저술된 것으로 알려져 있습니다. 나가르주나는 약 2세기경에 활동한 불교 학자로, 중략주의를 통해 불교의 교리를 발전시킨 인물로 소개됩니다. 그의 중요한 저작물 중 하나로, 이 작품에서는 중략주의에 기반한 불교의 핵심 개념과 철학적 원칙이 제시되고 있습니다.

이 작품은 약 27개의 절로 이루어져 있으며, 중략주의의 원리를 깊게 다룹니다. 주요 내용으로는 모든 것이 상대적이며 고정되지 않음을 강조하며, 현상의 실체를 탐구하고 세상적인 모든 이분법적 사고에서 벗어나는 방법을 제시합니다. 나가르주나의 중략주의는 불교 학파 중에서 중요한 위치를 차지하며, 불교 철학의 발전에 큰 영향을 끼쳤습니다.

근대의 인지 철학, 과학자들에 의해 재정의되며 인공지능 개발의 틀을 마련해주기에 이릅니다. 그러한 배경에서 창출된 VR, AR, MR, XR의 문화는 인간과 자연과 문화의 상호관계된 상보적 공존의 흐름이 발전한 세계라고 봅니다. 과거의 흐름에서 창발된 메타버스의 세계는 또 다른 형상계가 발제되는 역동적 문화진화의 밈이라고 봅니다. 항상 그러하듯이 그 흐름은 양면성을 갖습니다. 게임 중독이 주는 폐해는 이미 여러 가지 양상으로 사회적 물의를 일으켜 왔습니다.

이러한 단상에서 미국 쪽에서 이미 긍정적인 연구를 통해 유용한 기제로 활용하고 있는 사례를 볼 수 있습니다. "Rink trainer-비행 시뮬레이션, 미식축구, 폭동대응, 가상벌목" 등의 시뮬레이션을 개발하여 커다란 효과를 보았다고 합니다. 나아가 인지 행동 치료(cognitive behavioral therapy)의 차원에서 이라크 파병 병사들의 외상후스트레스장애(PTSD) 극복, 911테러 후의 정신적 피해 장애 극복을 위한 다양한 프로그램들이 시뮬레이션으로 개발되어 유용하게 이용되고 있는 현실입니다. 브레인 맵핑(brain mapping)을 통해 가상의 몸(아바타)을 형성하여 동작 트래킹, 동작 랜더링을 인터페이스(interface) 기술화함으로써 여러 종류의 가상현실 시뮬레이션을 현실화할 수 있었습니다.

가상현실을 발제한 현실은 또다시 가상과 현상의 문화가 융합되는 세상을 이룸으로, 그 영향이 인류의 인지 도약을 끌고 간다고 봅니다. 인간의 인지와 자연환경 배경에서 기계의 인지와 맞물려 상호 역동적인 21세기 문화의 밈을 형성한다는 의미입니다. 지금 이 순간에도 우리는 차량과 비행기를 수단으로 매우 빠른 시간대역과 공간 이용률이 극대화하고 있습니다. 이처럼 컴퓨터를 활용함으로써 업무 능력을 배가할 수 있듯이 고대 인류 수행문화를 현재로 이끌어 증강현실 프로그램을 시뮬레이션으로 현실화하려는 계획은 의미없는 일이 아니라고 봅니다.

　고대 인류 문화는 지극히 개인적 특화를 이루지만 현대 인류 문화는 "휴먼 증강"이라는 보편적 각성문화를 이루려는 조짐을 보입니다. 지금은 시간과 공간을 쓰는 방식이 고대문화와는 크게 다릅니다. 지극히 개인적이고 특화되어 있던 히말라야의 수행문화는 어찌 보면 돌연변이적 인간 인지의 증강이었다고 생각됩니다.

　그것은 현대 기기와 융합을 통해 보다 긍정적 요소로 극대화할 수 있다고 보는 것입니다. 예를 들어 '휴먼 각성 시뮬레이션'을 통해 왜곡된 사회 문화의 흐름을 치유할 수 있는 백신 프로그램 개발이 대안이 될 수 있지 않은가 말입니다.

참고 도서

린 마굴리스, 『마이크로 코스모스』, 홍욱희 옮김, 김영사

앤드류 누버그 외, 『신은 왜 우리 곁을 떠나지 않는가』, 이충호 옮김, 한울림

앤드류 누버그, 마크 로버트 월드먼, 『믿는다는 것의 과학(Born to believe)』, 진우기 옮김, 휴머니스트

에리히 얀치, 『자기조직하는 우주(Self organizing universe)』, 홍동선 옮김, 범양사

일리야 프리고진, 『확실성의 종말(The End of Certainty)』, 이덕환 옮김, 사이언스북스

지샤 틱낫한, 『반야심경』

칼 세이건, 『코스모스』, 홍승수 옮김, 사이언스북스

파탄잘리, 『파탄잘리 요가 수트라』, 베스림 옮김, 북랩

프리초프 카프라, 『새로운 과학과 문명의 전환(The turning point)』, 구윤서 옮김, 범양사

프리초프 카프라, 『현대 물리학과 동양사상(The Tio of physics)』, 김용정 외 옮김, 범양사

허버트 벤슨, 『이완반응(The relaxation response)』, 양병찬 옮김, 페이퍼로드

허버트 벤슨 외, 『나를 깨라! 그래야 산다(The break out principle)』, 장현갑 외 옮김, 학지사

참고 영화

원 스트레인지 락

아바타(제임스 카메론 감독, 2009)

아바타: 물의 길(제임스 카메론 감독, 2022)